Vorwort

Manchmal wird's ganz schön eng mit der Vorbereitung des Kindergottesdienstes. Egal ob die Teilnahme an einer Vorbereitungssitzung nicht möglich war oder aber auch aus familiären bzw. privaten Gründen die eingeplante Vorbereitungszeit zu Hause nicht realisierbar ist. Der Kindergottesdienst findet trotzdem statt, ob vorbereitet oder nicht. Was nun?

Bei vielen Fortbildungsveranstaltungen wurde mir von solchen Kindergottesdiensten, quasi aus dem hohlen Bauch, berichtet. Fast immer blieb bei den betroffenen Mitarbeiterinnen und Mitarbeitern und wahrscheinlich auch bei den, im wahrsten Sinne des Wortes, betroffenen Kindern ein ungutes Gefühl zurück. Selbstvorwürfe oder gar ein schlechtes Gewissen helfen nicht weiter und sind unbegründet. So ist eben das Leben! Wir planen – wollen den nächsten Kindergottesdienst ernst- und gewissenhaft vorbereiten – planen dafür Zeit ein und dann ... Alles im Eimer! Unangenehm und in seinen Folgen häufig negativ ist das allerdings schon, wenn der Kindergottesdienst dadurch leicht chaotisch und langweilig dahinplätschert und alle nur auf das Ende warten. Das muss aber nicht sein! Genau für einen solchen Fall haben Sie nun die Notfalltüte. *Sie versetzt Sie in die Lage, mit wenigen Minuten Vorbereitungszeit einen komplett durchdachten und lebendigen Kindergottesdienst zu gestalten.*

Lassen Sie sich aber nicht verführen! Die Notfalltüte soll und darf die eigene intensive Vorbereitung und die im Vorbereitungskreis nicht grundsätzlich ersetzen.

Es gibt einen weiteren Bereich, in dem die Notfalltüte ihre Stärken voll zum Tragen bringen kann. In den meisten Gemeinden gibt es Menschen, die als »*Kindergottesdienst-Feuerwehr*« fungieren. Oft sind es frühere MitarbeiterInnen, die bei personellen Engpässen einspringen. Diese Springer werden manchmal sehr kurzfristig um ihren Einsatz gebeten. Egal ob kurzfristig oder frühzeitig: Mit der Anfrage kann auch gleich die Notfalltüte überreicht werden und erleichtert so das »Feuerwehrdasein« erheblich.

Nun wünsche ich Ihnen, dass Sie diese Notfalltüte nicht allzu oft brauchen. Aber wenn Sie sie brauchen, können Sie sicher sein: Auf die Notfalltüte ist Verlass!

Wegweiser für den Notfall-Einsatz

Der Ernstfall

Aufgrund des Inhaltsverzeichnisses bzw. des am Ende auf Seite 84 abgedruckten Schnellüberblicks über die einzelnen Kindergottesdienste entscheiden Sie sich für einen Vorschlag. Sie schlagen die entsprechende Startseite auf und entdecken:

1. Zur Intention
Hier wird Ihnen in wenigen Sätzen die Absicht dieses Kindergottesdienstes geschildert. Wenn diese Absicht Ihnen zusagt, wunderbar, dann schauen Sie nach

2. dem benötigten Material
Sie werden merken, dass Sie fast nichts brauchen. Wenn überhaupt, dann sind dies Dinge, die jede und jeder zu Hause hat bzw. im Kindergottesdienstraum zu finden sind. Selbst auf die sehr verführerische Möglichkeit, Ihnen Fotokopiervorlagen zu liefern, habe ich mit Rücksicht auf Ihr geringes Zeitkontingent verzichtet. Wenn Sie sich den Materialbedarf klar gemacht haben, sehen Sie

3. die liturgische Konzeption
Sie entdecken, dass alle Gebetstexte inhaltlich abgestimmt und fertig ausformuliert sind. Bei den Fürbitten ist Platz für eigene aktuelle Einfügungen. Dabei hilft Ihnen der mitgelieferte Bleistift. Auch an die Streichhölzer zum Entzünden der Altarkerzen brauchen Sie nicht zu denken. Sie liegen der Notfalltüte ebenfalls bei. Der liturgische Aufbau folgt den Grundschritten: *Ankommen und Eröffnung, Hören und Antworten, Sendung und Segen*. Danach stellen Sie fest:

Dass der biblische Text (falls vorgesehen) fix und fertig vorliegt und so direkt den Kindern vorgelesen werden kann. Für eine Er-

KINDER GOTTES DIENST

... wenn der Kindergottesdienst in wenigen Minuten vorbereitet sein muss

Notfalltüte...

Manfred Hilkert

Gütersloher Verlagshaus

Inhalt

zählung bräuchten Sie Vorbereitungszeit, diese haben Sie aber nicht. Sie merken sehr schnell, dass die Vorlagen ansprechende und kindgemäße Übertragungen des biblischen Textes sind.
Dann werfen Sie einen Blick auf die Aktionen rund um den Text bzw. das Thema. Wie schon gesagt, Sie brauchen kaum oder kein Material. Sie müssen aber die Absicht der Aktion verstehen.
Letztlich werfen Sie einen kritischen Blick auf die ausgewählten Lieder. Auch hier habe ich nur einfache und wahrscheinlich sehr bekannte Lieder verwendet.

Das war's. Der Kindergottesdienst kann beginnen.

Ihnen ist sicherlich aufgefallen:

- Dass jeder Kindergottesdienst abgeschlossen ist.

- Dass die verwendeten biblischen Geschichten Ihnen wahrscheinlich nicht ganz unbekannt sind und Sie damit noch mehr Sicherheit gewinnen.

- Dass Sie natürlich je nach Erfahrung die Möglichkeit haben, vorgeschlagene Lieder spontan durch Ihnen bekannte auszutauschen. Das abgedruckte Liedverzeichnis auf Seite 87 liefert Ihnen weitere Anregungen.

- Dass Sie in Ihrem Kindergottesdienst vorhandene Rituale z. B. bei der Begrüßung, Verabschiedung oder bei der Kollekte auf jeden Fall beibehalten können.

- Dass Sie, wenn Sie mit den Kindern den Eingangsteil im Hauptgottesdienst der Erwachsenen feiern, einfach mit dem Abschnitt *Hören und Antworten* beginnen.

- Und natürlich, dass der mit viel Lust und Zeit im Team vorbereitete Kindergottesdienst der beste Kindergottesdienst ist.

Nach diesen Schritten
sind Sie nun inhaltlich und den Verlauf des Kindergottesdienst betreffend vorbereitet. Nun empfehle ich Ihnen noch, bevor Sie sich auf den Weg zum Kindergottesdienst machen, die Anregungen im Kapitel *»Überlegungen unmittelbar vor dem Kindergottesdienst«* auf Seite 9 in Ruhe durch den Kopf gehen zu lassen.

Aufbau der ausgeführten Kindergottesdienste

Titel

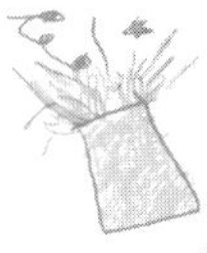

Zur Intention
(Um was geht's?)

Material
(Was brauche ich?)

Ankommen und Eröffnung

Eingangswort
Lied
Eingangsgebet
Psalm
Lied

Hören und Antworten

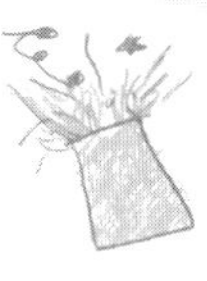

Eingangstext
Biblische Geschichte zum Vorlesen
Lied
Aktion
Lied

(variiert je nach Text/Aktion)

Sendung und Segen

(Fürbitten-)Gebet
Vaterunser
Lied
Segen

Raum für Notizen

Überlegungen unmittelbar vor dem Kindergottesdienst

So, nun werden Sie sich sehr bald auf den Weg in den Kindergottesdienst machen. Durch die Notfalltüte sind Sie so gut, wie Sie es konnten bzw. es in einer solchen Situation möglich ist, vorbereitet. Sie brauchen also nicht in Hektik zu verfallen oder gar ein schlechtes Gewissen zu haben.

Gerade weil Sie so wenig Zeit zur Vorbereitung hatten, machen Sie sich sehr früh auf den Weg zum Kindergottesdienst. Dort warten vielleicht noch andere Mitarbeiterinnen oder Mitarbeiter, die Sie über den geplanten Verlauf dieses Kindergottesdienstes informieren sollten. Richten Sie den Raum liebevoll und vor allen Dingen in Ruhe her. Legen Sie sich alles bereit, was Sie für diesen Kindergottesdienst brauchen. Stimmen Sie sich auf die Kinder, die nun bald kommen werden, ein. Die Kinder spüren sehr deutlich, ob Sie freudig erwartet werden (oder auch nicht!). Genauso wichtig wie ein durchdachter Verlauf des Kindergottesdienstes ist es also, dass die Kinder spüren:

Schön, dass ihr da seid. Ich nehme euch alle wahr, ich bin ansprechbar. Nicht nur der Raum, sondern auch ich bin (auf DICH) vorbereitet.

Noch etwas: Machen Sie sich selbst noch einmal klar, dass wir unsere Arbeit im Namen und mit der Unterstützung Gottes tun. Das Rüstgebet, ein altes Wort für eine hilfreiche Sache, bringt dies zum Ausdruck. Nehmen Sie sich also gemeinsam mit den anderen Mitarbeiterinnen und Mitarbeitern für ein solches Gebet Zeit. Vielleicht können Sie folgende Worte übernehmen:

»Gott, danke,
dass wir gemeinsam mit den Kindern
in deinem Namen
Gottesdienst feiern dürfen.
Mach uns nun offen
für die Kinder und für deine Botschaft.
Hilf uns bei der Durchführung,
schenke uns die notwendige Kraft und Geduld.
Schenke uns dazu deinen guten Geist
und lass ihn uns spüren.
Amen.«

Echt wichtig ist .... (Jesus und die Kinder, Markus 9,33 – 37)

Biblische Geschichte und Rekorde erstellen

Um was geht's?

Gerne sind wir die/der Größte. Es ist ein tolles Gefühl und bringt Anerkennung. Für Jesus sind die Größten die, die anderen helfen. Kinder können auch im Sinne Jesu die Größten sein – sogar Vorbilder für Erwachsene.

Was brauche ich?

- Pro Kind ein Stück Papier (egal ob Zeitungs-, Zeitschriftenpapier oder Papier weiß DIN A4)
- Wolle oder Schnur (ca. 30 cm pro Kind).

Ankommen und Eröffnung

Eingangswort

Unseren Kindergottesdienst feiern wir im Namen des Vaters, des Sohnes und des Heiligen Geistes. Amen.

Lied

Einen guten Morgen wünschen wir
(Wenn wir das Lied zum zweiten Mal singen, stehen alle auf, laufen im Kreis umher und begrüßen sich mit Händeschütteln)

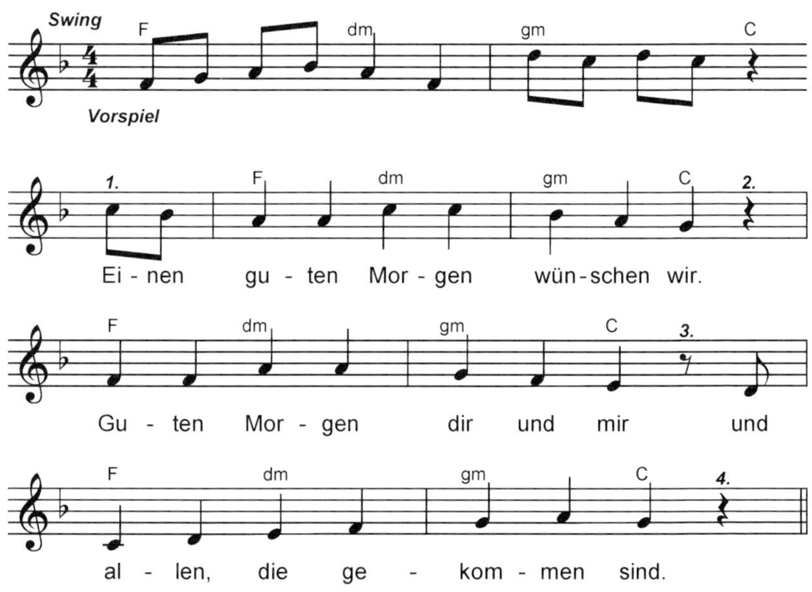

Text und Musik: Bernd Schlaudt

Eingangsgebet

Guter Gott, danke, dass du uns in der letzten Woche begleitet und behütet hast. Wir bitten dich, sei du nun mitten unter uns, lass uns deinen guten Geist spüren und hilf uns, dein Wort zu verstehen.

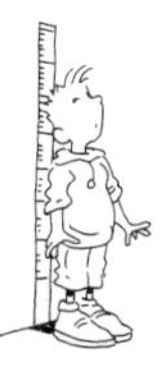

Psalm

(nach Psalm 8)

(Die folgende Übertragung enthält einen Kehrvers. Machen Sie die Kinder mit dem kurzen Kehrvers vertraut, indem Sie ihn zwei-, dreimal vorsprechen. Beim Psalmgebet können dann alle Kinder den Kehrvers mitsprechen.)

Großer Gott, es ist schön, dass du da bist

Eine/Einer: Ich sehe die Wolken und die Sonne. Ich sehe den Mond und die Sterne. Ich sehe den großen Himmel über mir. Du hast alles gemacht. Es ist wunderbar, dass du auch an uns denkst. Wir sind so klein gegen deine Bäume und so winzig gegen deine Berge.

> *Alle:* Großer Gott, es ist schön, dass du da bist.

Eine/Einer: Und es ist wunderbar, dass du nicht nur die großen Leute siehst. Die berühmten, die, von denen alle reden, sondern auch mich. Ich bin klein gegen die großen Leute, aber du hast mich in deiner Hand. Du willst mich groß machen und stark, so dass ich vieles alleine tun kann.

> *Alle:* Großer Gott, es ist schön, dass du da bist.

Eine/Einer: Nur du bist dann immer noch größer als ich. Du weißt, was ich nicht weiß. Du kannst, was ich nicht kann. Zu dir gehöre ich, auch wenn ich groß bin.

> *Alle:* Großer Gott, es ist schön, dass du da bist.

In Anlehnung aus: Mit Kindern Gottesdienst feiern. Eine Arbeitsmappe zur Gestaltung von lebendigen Gottesdiensten mit Kindern und Erwachsenen, Hg.: Landesverband für Evangelische Kindergottesdienstarbeit in Bayern, Nürnberg, 4. Auflage 1996, S. 169f.

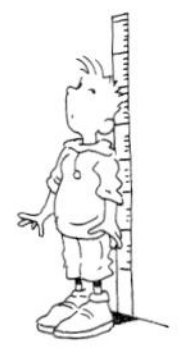

13

Lied

Gib uns Ohren, die hören

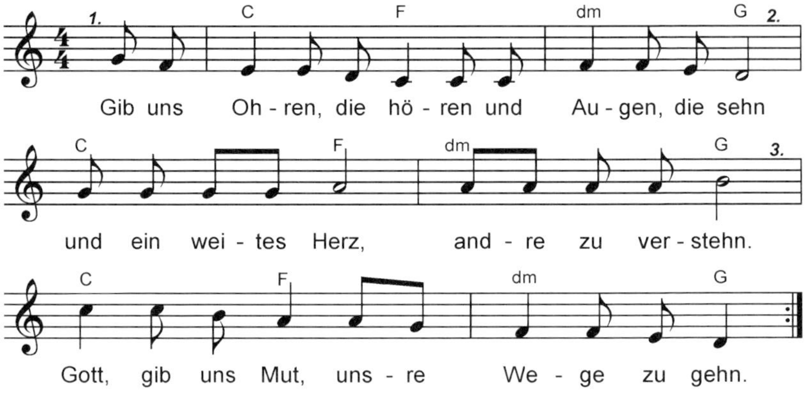

Text und Musik: Bernd Schlaudt

Hören und Antworten

Wer von uns will nicht die oder der Größte sein? Es ist erstaunlich, was sich Menschen alles einfallen lassen, um einen Rekord zu erstellen. Ich möchte euch nun einige Rekorde vorstellen. Es sind alles Rekorde aus Deutschland

(*Sie können nun alle oder eine Auswahl der folgenden Rekorde vorlesen. Gerne können Sie auch die Kinder, bevor Sie die Rekordmarke nennen, raten lassen*)

Deutsche Rekorde

Franziska Amschütz aus Erfurt sammelte mehr als 3.000 Trinkdeckelverschlüsse

Der Schüler Nino Baue aus Kreuzlingen (Schweiz) faltete am 10. März 1999 eine Papierente mit den Maßen 8 x 8 mm.

Die meisten Briefe geschrieben hat Manfred Beck aus Friedrichshafen. Es waren 143.350 Stück.

Joachim Bernhard aus Berlin modellierte im Dezember 1996 in einem ausgehöhlten Senfkorn (2,2 mm Umfang, 2 mm Tiefe) eine Krippe. Die Figuren darin sind 1,7 mm hoch und wurden mit einem Skalpell gedrechselt.

14

Die Werbeagentur Bierstorfer aus Heilbronn schaffte es am 12. September 1998, 31 Kinder in einem Ford K unterzubringen.

Der Pizzabäcker Luigi Cioffi und andere aus Gevelsberg buken am 01. Oktober 1999 in 535 Minuten in einem Pizzaofen 3.875 Pizzen.

4.000 Jugendliche des Verbandes Christlicher Pfadfinder sangen vom 31. Juli – 09. August 1998 im Bundeslager in Weinsberg 215 Stunden am Stück. Es wurde abwechselnd gesungen.

Das größte Mensch-ärgere-dich-nicht – Spiel mit 400 Quadratmetern baute der CVJM Gielingen/Halden im Juli 1998. Die einzelnen Figuren sind 1,70 groß und 3 kg schwer.

Die größte Pfennigpyramide aus 49.000 Zweipfennigmünzen schichtete Alexander Keinz mit Hilfe von Manuel Mennig aus Leutkirch – Gebrazhofen am 25. Oktober 1998 auf.

Harkan Khja aus Neuss blanchierte am 14. März 1998 13 Hühnereier auf seiner Handoberfläche.

Das kleinste Papierschiff mit einer Länge von 1 mm und einer Breite von 0,5 mm faltete Hans Peter Lau aus Neubeckum.

Einen Zigarettenschachtelturm von 9,10 m Höhe errichteten Robert Otter und Walter Eder aus Gars vom 10. – 13. April 1998 aus 14.000 leeren Zigarettenschachteln.

Enzo Parola aus Mannheim stapelte am 18. Oktober 1998 20 Würfel aufeinander.

Schüler der Primarschule in Büren (Schweiz) stellten am 04. Februar 1999 eine 3.865 m Girlande aus Papier und Klammern her.

Frank Rehder aus Großnordende machte am 26. März 1999 in 30 Minuten 700 Liegestütze auf dem rechten Arm.

Christian Schmid aus Lautenbach memorierte anlässlich der deutschen Gedächtnismeisterschaft 1998 in Schwäbisch Hall 98 Wörter in 15 Minuten in der richtigen Reihenfolge.

Zur Eheschließung am 01. August 1998 in Dessau trug Kerstin Schulte eine Brautschleppe von 311,30 m Länge.

Wir machen Rekorde

Jetzt habt ihr bestimmt Lust bekommen, auch einige kleine Rekorde aufzustellen. Bei den Rekordversuchen dürfen alle mitmachen.

(Wählen Sie nun einige Rekordversuche aus. Wenn die Kinder große Altersunterschiede besitzen, können Sie die Kinder in zwei Altersrekordgruppen einteilen. Manche Rekordversuche können gleichzeitig von beiden Altersgruppen durchgeführt werden, andere nacheinander:)

- 1. Rekordversuch: *Die längste Papierbahn*
  Jedes Kind erhält ein Stück Papier, die Aufgabe ist nun, innerhalb einer Minute das längste Papierstück zu reißen.

- 2. Rekordversuch: *Liegestütze*
  Wer schafft die meisten?

- 3. Rekordversuch: *Tierstimmen*
  Wer kann die meisten Tierstimmen nachahmen?

- 4. Rekordversuch: *Alle Vögel fliegen hoch*
  Wer ist die oder der Beste bei diesem Spiel und stellt den Konzentrationsrekord auf?

(Spielen Sie dieses Spiel in zwei Altersgruppen. Je nach Möglichkeit gleichzeitig in zwei Kreisen oder nacheinander. Alle sitzen im Kreis. Die Hände liegen auf den Knien. Leiterin: »Alle Vögel fliegen hoch.« Nun beginnt die Aufzählung »die Amsel, der Star …« Jedesmal werden die Arme nach oben gestreckt. Die Kinder machen mit. Es geht weiter: »… die Drossel, der Hase«. Bei Hase darf niemand die Hände strecken! Wer dies tut, scheidet aus. Das Spiel beginnt von vorne.)

- 5. Rekordversuch: *Knoten machen*
  Wer macht innerhalb einer Minute die meisten Knoten in ein Stück Wolle oder Schnur?

(Geben Sie jedem Kind ein Stück Schnur bzw. Wolle von mindestens 30 cm Länge. Nach dem Startzeichen versuchen die Kinder einfache Knoten in die Schnur bzw. in die Wolle zu machen. Nach einer Minute wird gezählt. Es zählen nur nebeneinander liegende Knoten.)

Weitere Rekord-Ideen: Kopfrechnen, auf einem Bein hüpfen, schätzen …

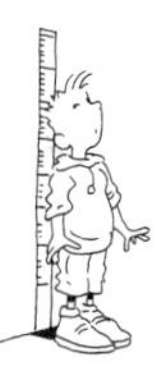

16

Biblische Geschichte (nach Markus 9,33-37)

Wer damit angefangen hatte, war nachher nicht mehr festzustellen. Aber alle Jünger beteiligten sich daran, an dem Streit nämlich, wer der Größte sei. Petrus sagte: Da gibt es doch gar keine Frage, ich bin der Wichtigste von uns Zwölf, denn ich bin doch so eine Art Sprecher von uns allen. Andreas, sein Bruder, ärgerte sich. Nur weil du dauernd redest mit deinem flotten Mundwerk, aber was da herauskommt, ist oft der größte Unsinn. Ich dagegen überlege immer erst, ehe ich etwas sage, und wenn ich nicht wäre ... Johannes unterbrach ihn, ihr werdet doch nicht bestreiten, dass Jesus mich besonders lieb hat. Ich darf immer neben ihm sitzen und wer Jesus am nächsten ist, der ist auch der Wichtigste. Willst du etwa größer sein als ich, dein älterer Bruder, empörte sich Jakobus? Levi schnaubte verächtlich. Ihr wollt die Größten sein? Dass ich nicht lache. Dabei könnt ihr weder die lateinische Sprache der römischen Weltmacht sprechen, noch versteht ihr etwas von Zinsrechnungen. Es fehlen euch einfach die Voraussetzungen ... So ging es längere Zeit. Die Jünger waren auf ihrer Wanderung absichtlich hinter Jesus zurückgeblieben. Es war ihnen klar, dass er dieses Gespräch nicht gut finden würde, wenn er es hören könnte. Eigentlich wussten sie selbst, dass es nicht gut war, aber keiner wollte nachgeben. Schließlich erreichten sie Kapernaum. Jesus wartete, bis die Zwölf herangekommen waren. Alle versuchten, den Streit zu vergessen, den sie miteinander hatten, damit Jesus nichts merken sollte. Dabei wusste Jesus längst, was sie besprochen hatten. Er wollte es aber von ihnen hören. Er fragte: Was habt ihr denn verhandelt auf dem Weg hierher, als ihr immer so weit zurückgeblieben seid, dass ich euch nicht hören konnte? Betretenes Schweigen. Vorhin hatte jeder behauptet, er sei der Größte. Aber jetzt traute sich keiner für alle zu sprechen. Da sagte Jesus: Setzt euch zu mir. Alle ließen sich nieder. Wenn jemand der Größte sein will, begann Jesus, und da wussten sie gleich, dass sie ihm nichts verheimlichen konnten, wenn jemand der Erste sein will, der soll der Letzte sein von allen. Im Reich Gottes ist der am wichtigsten, der den anderen dient. Seine Jünger schauten verlegen zu Boden und schwiegen. In ihr Schweigen hinein drang auf einmal Lachen und Rufen, das immer lauter wurde. Eine Gruppe

17

von Kindern spielte Kriegen und rannte um die 13 Männer herum, die schweigend auf der Erde saßen. Jesus stand auf, trat aus dem Kreis heraus und fing ein kleines Kind, das gerade auf der Flucht vor einem anderen vorbeilief. Er nahm es auf den Arm, gab ihm einen Kuss und stellte es mitten in den Kreis der Jünger wieder auf die Erde. Das Kind guckte ein bisschen erstaunt, als Jesus ihm über die Haare strich und zu den Männern sagte: Seht euch dieses Kind an und lernt von ihm. Die Jünger guckten ebenso erstaunt wie das Kind. Von einem Kind lernen, sonst ist es doch meistens umgekehrt. Dass nämlich die Kinder von den Erwachsenen lernen sollen. Jesus fuhr fort: Wer ein solches Kind aufnimmt, wer ihm Gutes tut, wer ihm Liebe schenkt, der nimmt mich auf. Und wer mich aufnimmt, der nimmt in Wirklichkeit nicht mich auf, sondern meinen Vater im Himmel, der mich gesandt hat.

Aus: Eckhart Zurnieden, Die Kinderbibel,
© R. Brockhaus Verlag, Wuppertal, 2. Auflage 2001.

(Warten Sie die Reaktionen und spontanen Äußerungen der Kinder ab. Gehen Sie darauf ein.)

Es ist schon erstaunlich, dass Jesus seinen Jüngern zu verstehen gibt: Diese tollen Sachen, die ihr da könnt, sind zwar schön und gut, aber: »Für mich ist die oder der der Größte, der für andere, wenn er gebraucht wird, da ist. Dabei können Kinder sogar Vorbilder für die Erwachsenen sein.
Sicherlich fallen euch Situationen ein, wo ihr jemand anderem geholfen habt, als er oder sie euch gebraucht hat.
Wer möchte, darf nun pantomimisch vorspielen, wie sie /er jemand anderem geholfen hat. Alle anderen schauen zu und versuchen zu erraten, wie geholfen wurde.

(Jedes Mal, wenn ein Kind vorgespielt hat und richtig erraten wurde, bekommt es für seine »Hilfsaktion« einen Applaus.)

Anschließend bleibt Zeit, um über die einzelnen »Taten« ins Gespräch zu kommen.

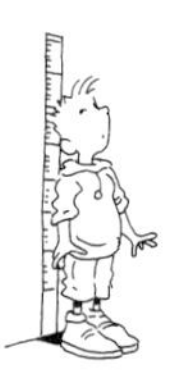

18

Lied
Viele kleine Leute (als Tanz)

Text und Musik: Bernd Schlaudt

(Wir stehen im Kreis und fassen uns an den Händen.)

- Viele kleine Leute an vielen kleinen Orten,
  die viele kleine Schritte tun …
  *(Wir gehen in langsamen Schritten nach links
  im Kreis. Bei »Schritte tun«: deutlich hörbar
  3 kleine Schritte stampfen.)*

- Können das Gesicht der Welt verändern …
  *(Die Arme öffnend nach oben nehmen –,
  so als wollten wir die zu verändernde Welt
  darin halten.)*

19

- Können nur zusammen das Leben bestehn …
  (Die Arme herunternehmen, den Nachbar-
  menschen auf die Schultern legen.)

- Gottes Segen soll sie begleiten …
  (Die Hände geben, 4 Schritte auf die
  Mitte zu gehen, dabei angefasst die
  Hände heben.)

- Wenn sie ihre Wege gehn …
  (Mit 4 Schritten wieder zurückgehen, die Hände
  lösen, den Weg vor sich haben, um wieder
  viele Schritte tun zu können.)

Kanon 2-st.:   1 kleinerer Kreis in der Mitte = 1 Gruppe
                1 größerer Kreis außen herum = 1 Gruppe
Kanon 3-st.:   3 einzelne Kreise = jeweils 1 Gruppe

Sendung und Segen

Gebet

Guter Gott, danke, dass wir Kinder für dich auch schon die Größten sein können. Darum bitten wir dich für uns selbst: Gib uns
Ohren, die hören und Augen, die sehen und ein weites Herz, andere zu verstehen und den Mut zu helfen, wo wir gebraucht werden.

Raum für aktuelle Anliegen

Gemeinsam beten wir so, wie es Jesus uns gezeigt hat:
Vater unser ...

Lied

Der Herr segne dich

(nach der Melodie: »Kumbaya my Lord«)

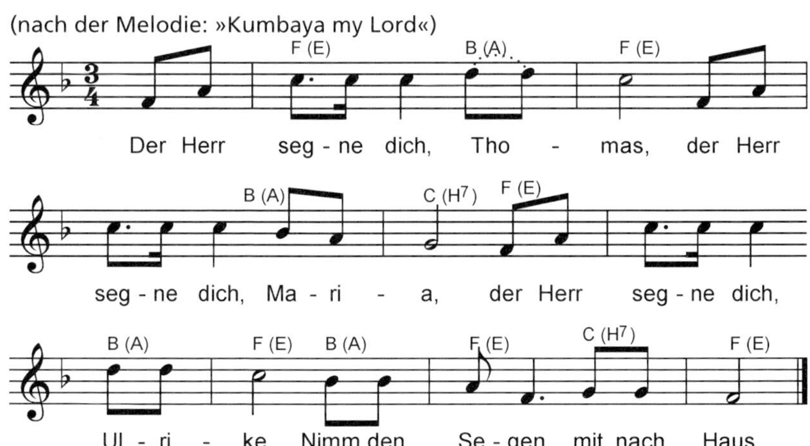

Text und Melodie: mündlich überliefert

(Wir stehen im Kreis und fassen uns an den Händen. Reihum werden nun die Namen der im Kreis stehenden Personen in der jeweiligen Textstelle eingesetzt bzw. gesungen. Also, drei Namen pro Durchgang.)

Jetzt bleibt Zeit
zum Verabschieden, zum Aufräumen, zum Vereinbaren, zum Reden.

Zu guter Letzt
Falls vorhanden, Verteilzeitschriften nicht vergessen.

Notizen

Das Kindergottesdienst-Bibelquiz

Aufgaben und Fragen rund um Bibel, Gemeinde und Kindergottesdienst

Um was geht's?

Nicht zuletzt durch den Besuch des Kindergottesdienstes sammeln Kinder im Laufe der Zeit auch ein großes biblisches Wissen an. Bei diesem Vorschlag gibt es Gelegenheit, dieses Wissen in Form eines Quiz abwechslungsreich einzubringen.

Was brauche ich?

- Papier (A4)
- Stifte
- Tesafilm
- Wandzeitung (z.B. Packpapier oder Tapete)
- kleine Preise (evtl. können die auch am nächsten Sonntag nachgeliefert werden).

Ankommen und Eröffnung

Eingangswort

Gott lädt uns ein, deshalb feiern wir diesen Kindergottesdienst in seinem Namen und freuen uns, dass er mitten unter uns ist.

Lied

Lasst uns miteinander

Text und Melodie: mündlich überliefert

Eingangsgebet

Guter Gott, wir kommen zu dir mit allem, was wir in der letzten Woche erlebt haben. Danke, dass du uns behütet hast, und vergib uns, wo wir Unrecht getan haben. Sei du uns nun nahe. Amen.

Psalm

(nach Psalm 145)
*(Machen Sie die Kinder mit dem Kehrvers, indem sie ihn zwei-
oder dreimal gemeinsam sprechen, vertraut.)*

Aller Augen warten auf dich

Eine/Einer: Gott, du gibst uns bunte Farben zum Sehen, Töne und Klänge zum Hören. Mit unserer Zun-
ge können wir probieren, wie alles schmeckt. Unsere
Nase schnuppert jeden Duft. Die Hände tasten und
fühlen und die Haut spürt Wärme und Kälte.

> *Alle:* Aller Augen warten auf dich und du gibst ihnen
> Speise zur richtigen Zeit. Du öffnest deine Hand und
> machst satt mit dem, was du gibst.

Eine/Einer: Du gibst uns die Lust zum Spielen und die
Ausdauer zum Lernen und Arbeiten. Täglich können
wir Neues erleben und mit der Zeit haben wir einen
ganzen Sack voller Erinnerungen.

> *Alle:* Aller Augen warten auf dich und du gibst ihnen
> Speise zur richtigen Zeit. Du öffnest deine Hand und
> machst satt mit dem, was du gibst.

Eine/Einer: Du gibst uns die Phantasie das Leben zu
entdecken und die Vernunft es zu bewahren. Du gibst
uns die Liebe, die uns herausfordert und schützt, und
die bunte Vielfalt der Erfahrungen, der Ideen und
Wünsche, mit denen wir wachsen und reifen.

> *Alle:* Aller Augen warten auf dich und du gibst ihnen
> Speise zur richtigen Zeit. Du öffnest deine Hand und
> machst satt, mit dem, was du gibst.

Aus: Halleluja Gott, ich freue mich, Psalmtexte für den Gottesdienst von Klaus
Bastian, hg. von der Beratungsstelle für Gestaltung von Gottesdienst und
anderen Gemeindeveranstaltungen, Frankfurt 1996.

Hören und Antworten

Heute werden eure Köpfe rauchen! Ich habe euch ein Kindergottesdienst-Bibelquiz mitgebracht. Ihr dürft euch also auf Fragen und Aufgaben rund um die Bibel freuen. Niemand muss alleine raten. Wir bilden nun (xy) Gruppen. Jede Gruppe darf auf die gestellte Frage einmal antworten. Also, steckt eure Köpfe zusammen und beratet gemeinsam, bevor eine oder einer von euch antwortet.

(Wenn möglich, sollte eine Gruppe aus höchstens vier Kindern bestehen. Die Gruppen werden am besten altersgemäß zusammengestellt. Z. B. so: Alle, die noch nicht in die Schule gehen, stellen sich in diese Ecke. Alle Erst- und Zweitklässler in diese und alle Dritt- und Viertklässler in diese Ecke. Die »Großen« stellen sich in diese Ecke. Geben Sie nun jedem Kind in jeder Altersgruppe eine Zahl, z. B. wenn Sie vier Gruppen haben möchten, von eins bis vier. Danach bilden die Einser, Zweier, Dreier und Vierer jeweils eine Quizgruppe. Die Punktzahl der Gruppe halten Sie in der abgedruckten Punktetabelle fest. Der Vorschlag liefert Ihnen wahrscheinlich mehr Fragen, Aufgaben und evtl. auch Runden, als Sie benötigen. Sie haben also die Wahl!)

Runde 1
Fragen (1 Punkt pro richtige Antwort)

(Entweder stellen Sie jeweils einer Gruppe eine Frage und je nachdem, ob die Antwort richtig oder falsch ist, bekommt diese Gruppe einen Punkt oder nicht. Danach ist die nächste Gruppe dran. Oder Sie stellen eine Frage für alle Gruppen gleichzeitig. Diese notieren die Antworten und lesen sie anschließend nacheinander vor. Anschließend werden ebenfalls die Punkte verteilt.)

1. Wie viele Psalmen hat das Buch der Psalter? (150)
2. In welcher Stadt wurde Jesus geboren? (Betlehem)
3. Was bedeutet »Golgata?« (Schädelstätte)
4. Ergänze: Die .... Stämme Israels (12)
5. Wer war der Vater von Esau? (Isaak)
6. Wer wurde in einem feurigen Wagen in den Himmel entrückt? (Elia)
7. Wie heißt die Mutter von Ruben? (Lea)

26

8. Auf welchen Baum stieg Zachäus, um Jesus zu sehen? (Maulbeerbaum)
9. Wie heißen die vier Evangelisten? (Matthäus, Markus, Lukas, Johannes)
10. Wie viele Bücher der Bibel tragen einen Frauennamen als Titel? (Rut, Ester)
11. Wen erweckte Jesus in Betanien von den Toten? (Lazarus)
12. Wo tat Jesus sein erstes überliefertes Wunder? (Kana in Galiläa)

Runde 2
Liedanfänge (je 1 Punkt)

(Sie sagen den Liedanfang vor und die Kinder sollen den Satz ergänzen oder den darauffolgenden nennen. Entweder wird nacheinander geraten oder alle Gruppen raten gleichzeitig und notieren das Ergebnis.)

1. Der Gottesdienst soll fröhlich sein ... (so fangen wir nun an)
2. Gib uns Ohren, die hören ... (und Augen, die sehen)
3. All Morgen ist ganz frisch und neu ... (des Herren Gnad und große Treu)
4. Viele kleine Leute an vielen kleinen Orten ... (die viele kleine Schritte tun)
5. Ich singe dir mit Herz und Mund ... (Herr, meines Herzens Lust)
6. Ja, Gott hat alle Kinder lieb ... (jedes Kind in jedem Land)
7. Christus ist auferstanden ... (Freud ist in allen Landen)
8. Dass du mich einstimmen lässt ... (in deinen Jubel, o Herr)
9. Alle Knospen springen auf ... (fangen an zu blühen)
10. Wir sind die Kleinen in den Gemeinden ... (doch ohne uns geht gar nichts)

Runde 3
Aufgaben (je 2 Punkte)

1. Pfeift zusammen die Melodie vom Lied »Vom Aufgang der Sonne«.
2. Singt gemeinsam einen Kanon
3. Sagt reihum das Vaterunser auf. Nach jedem Satz wird gewechselt.

4. Erzählt eine biblische Geschichte, die mit einer Heilung zu tun hat.
5. Nennt die 10 Gebote (Oder z. B. 6 von 10)

Runde 4
Buchstaben – Puzzle (je 1 Punkt)

(Befestigen Sie eine Wandzeitung. Die Kinder sollen Wörter erraten. Für jeden Buchstaben des gesuchten Wortes zeichnen Sie einen kleinen Strich. Den Anfangsbuchstaben schreiben Sie aus. Z. B. gesucht wird das Wort Bibel: Ein großes B und dann vier Striche.)

Nun dürfen die Gruppen reihum Buchstaben vorschlagen. Falls der Buchstabe richtig ist, tragen Sie ihn an der entsprechenden Stelle (oder mehrmals) ein. Alle Gruppen dürfen, wann sie wollen, den gesuchten Begriff raten.

1. Gesucht: Kapernaum (9 Buchstaben)
2. Gesucht: Kindergottesdienst (18 Buchstaben)
3. Gesucht: Abraham (7 Buchstaben)
4. Gesucht: Jerusalem (9 Buchstaben)
5. Gesucht: Miriam (6 Buchstaben)
6. Gesucht: Maulbeerbaum (12 Buchstaben)

Runde 5
Geschichte mit Fehlern (2 Punkte je Fehler)

(Sie lesen die Fehlergeschichte vor und die Kinder notieren die Fehler. Am Ende wird gemeinsam ausgewertet.)

In der Stadt **Betlehem** lebte ein Zolleinnehmer namens Zachäus. Er hatte viel Geld und wohnte in einem prächtigen Haus. Er hatte viele **Freunde**, weil er als Zolleinnehmer besonders **beliebt** war. Als Zachäus hörte, dass Jesus in seine Stadt kommen wollte, wollte er diesen berühmten Mann unbedingt sehen. Aber in den Gas-

sen standen die Menschen dicht gedrängt und versperrten Zachäus die Sicht. Obwohl Zachäus ein **groß gewachsener Mann** war, kletterte er auf einen **Zitronenbaum**, dessen Äste tief unten aus dem Stamm wuchsen. Als Jesus durch die Straßen kam, blieb er unter diesem Baum stehen und sagte: Zachäus, komm **langsam** herunter, ich habe Hunger und Durst und ich möchte, dass du mich zum Essen einlädst. Zachäus freute sich und stieg vom Baum herab. Die Menschen, die das beobachteten, **freuten** sich sehr darüber, dass Jesus ausgerechnet bei Zachäus aß und trank. Sie sagten zu Jesus: **Prima,** dass du dich bei Zachäus eingeladen hast. Zu Hause angekommen, unterhielt sich Jesus mit Zachäus. Am Ende sagte Zachäus: Ich habe eingesehen, dass ich ein schlechter Mensch bin und verspreche, ich gebe **alles**, was ich habe, den armen Menschen und allen, die ich betrogen habe, werde ich **achtmal** so viel zurückgeben. Jesus antwortete, das ist ein Freudentag für dich und deine ganze Familie. Obwohl du ein verachteter **Zimmermann** bist, hat Gott dich lieb gewonnen und darum bin ich zu dir gekommen. Ich will die **beliebtesten** und **reichsten** Menschen retten.

Eine Alternative zur Fehlergeschichte Zachäus ist der folgende Fehlertext zu Psalm 23. Da er vertraut ist, ist es möglich, nur einzelne Wörter zu verändern oder auch wegzulassen bzw. hinzuzufügen. Die Fehler sind eindeutiger nachzuvollziehen.

Psalm 23 (2 Punkte je Fehler)

Der Herr ist mein **guter** Hirte,
mir wird nichts **fehlen**.
Er weidet mich auf einer **saftigen** Aue
und führet mich zum **erquickenden** Wasser.
Er **stärkt** meine Seele.
Er führet mich auf **breiter** Straße um seines Namens willen.
Und ob ich schon wanderte im **dunklen** Tal,
fürchte ich **keinen Unfall**;
denn du bist bei mir, deine **Hand** und Stab trösten mich.
Du bereitest vor mir einen Tisch
im Angesicht meiner **Freunde**.
Du salbest mein Haupt mit **Gel**
und **gießest** mir voll ein.

Gutes und **Wohlstand** werden mir folgen mein Leben lang,
und ich werde bleiben **bei Gott** immerdar.

Runde 6
Bibelmaler (je 2 Punkte)

(Aus jeder Quizgruppe wird eine Malerin bzw. ein Maler ausgesucht. Diese malen auf eine Wandzeitung Begriffe. Alle Gruppen raten gleichzeitig. Nach jeder richtigen Antwort wechselt die Malerin bzw. der Maler. Sagen Sie die zu malenden Begriffe dem entsprechenden Kind leise ins Ohr.)

1. Zu erraten: Die Jünger
2. Zu erraten: Der blinde Bartimäus
3. Zu erraten: Die Arche Noah
4. Zu erraten: Die Zehn Gebote
5. Zu erraten: König David

Runde 7
Richtig oder falsch (je 1 Punkt)

(Jede Gruppe schreibt auf ein Blatt Papier das Wort »richtig« und auf ein anderes das Wort »falsch«. Sie lesen die Aussage den Kindern vor und die Gruppen entscheiden sich und halten entweder das Schild »falsch« oder »richtig« hoch.)

1. Mose führte die Israeliten ins Gelobte Land (falsch – Josua)
2. Maria und Marta lebten in Betanien (richtig)
3. Ist Andreas der Bruder von Simon Petrus? (richtig)
4. War Zachäus von Beruf Zimmermann? (falsch – Oberzöllner)
5. War Abraham ein König Israels? (falsch)
6. Ist Ruben ein Bruder von Josef (richtig)

Falls Sie mögen, können Sie zu folgenden Kategorien spontan
Fragen erfinden:

30

1. Fragen zu den letzten oder der letzten Kindergottesdienststunde
2. Eine Fragerunde um das Thema »Unsere Gemeinde« (Gebäude, Personen, Funktionen usw.) und schließlich können Sie die Kinder bitten
3. selbst drei Fragen und Antworten aufzuschreiben. Jede Gruppe darf dann zwei Fragen stellen und die anderen Gruppen müssen die Antworten erraten.

(Schnell können Sie mit der abgedruckten Punktetabelle das Endergebnis mitteilen.)

Lied
Wenn du glücklich bist

2. Wenn du müde bist, dann stampfe mit dem Fuß … (stampf)
3. Wenn du traurig bist, dann seufze doch einmal … (seufz)
4. Und wenn du mich gern hast, gib mir einen Kuss … (schmatz)
5. Wenn du bei mir bist, dann zeig mir, wie's dir geht … (klatsch, stampf, seufz, schmatz)

Melodie: nach »She'll be comin' round the mountain«
Text: Gerhard Schöne

Punktetabelle

Punkte	1. Gruppe	2. Gruppe	3. Gruppe	4. Gruppe	5. Gruppe
Runde 1					
Runde 2					
Runde 3					
Runde 4					
Runde 5					
Runde 6					
Runde 7					
Gesamt-punktzahl:					
Platzierung:					

Sendung und Segen

Gebet

Herr, unser Gott, wir danken dir, dass du bei uns bist und uns Menschen lieb hast. Du bist bei uns, egal ob wir zu Hause sind, in der Schule oder aber auch beim Spielen. Wir denken jetzt an die vielen Menschen, denen es nicht gut geht: An die Kranken, an die Hungrigen, an die Traurigen, an die, die durch Krieg und Gewalt bedroht sind. Zeige auch uns, wo wir helfen können und gib uns den Mut und die Kraft dazu.

Raum für aktuelle Anliegen

____

____

____

____

____

____

____

Gemeinsam beten wir so, wie es uns Jesus gelehrt hat:
Vater unser ...

Lied

Komm, Herr, segne uns

2. Keiner kann allein Segen sich bewahren.
Weil du reichlich gibst, müssen wir nicht sparen.
Segen kann gedeihn, wo wir alles teilen,
schlimmen Schaden heilen, lieben und verzeihn.

3. Frieden gabst du schon, Frieden muss noch werden,
wie du ihn versprichst uns zum Wohl auf Erden.
Hilf, dass wir ihn tun, wo wir ihn erspähen –
die mit Tränen säen, werden in ihm ruhn.

4. Komm, Herr, segne uns, dass wir uns nicht trennen,
sondern überall uns zu dir bekennen.
Nie sind wir allein, stets sind wir die Deinen.
Lachen oder Weinen wird gesegnet sein.

Text und Musik: Dieter Trautwein
© Strube Verlag, München-Berlin.

Segen
Herr, wir bitten dich, segne uns und das, was wir tun.
Behüte uns auf all unseren Wegen
und auch die, mit denen wir leben.

Lass dein Angesicht leuchten
über uns und allen Menschen.

Sei uns gnädig,
den Frohen und den Traurigen, den Gesunden und Kranken,
den Mutigen und Verzweifelten.

Erhebe dein Angesicht auf uns
und allem, was auf dieser Erde lebt,

und gib uns und der ganzen Welt Frieden.

Jetzt bleibt Zeit
zum Verabschieden, zum Aufräumen, zum Vereinbaren, zum Reden.

Zu guter Letzt
Falls vorhanden, Verteilzeitschriften nicht vergessen.

Notizen

____

____

____

____

____

____

____

Ja, ich bin begabt!

Biblische Geschichte und Gestaltung einer Moritat

Um was geht's?

Jesus macht mit diesem Gleichnis u.a. deutlich, dass er uns Menschen einiges zutraut. Durch seine lange Abwesenheit überlässt er uns Verantwortung für die Welt. Jede und jeder von uns hat Gaben und Fähigkeiten erhalten. Diese Gaben Gottes sollen leben und wirken. Die Kinder sollen in diesem Kindergottesdienst hören und erleben, dass auch sie Begabungen geschenkt bekommen haben. Jesus erwartet von uns, dass wir sie einsetzen. Jede und jeder ist begabt!

Was brauche ich?

- Malstifte
- wenn vorhanden Orff-Instrumente (ansonsten setzen wir körpereigene Instrumente ein)
- ein Stock (im Notfall kann es auch ein Besen sein)
- großes Papier zum Bemalen.

Ankommen und Eröffnung

Eingangswort

Wir sind zusammengekommen, um von Gott und Jesus zu hören.
Deshalb beginnen wir unseren Gottesdienst im Namen Gottes.
Amen.

Lied

Die Kerze brennt
*(Beim Singen dieses Liedes können die Altarkerzen angezündet
werden.)*

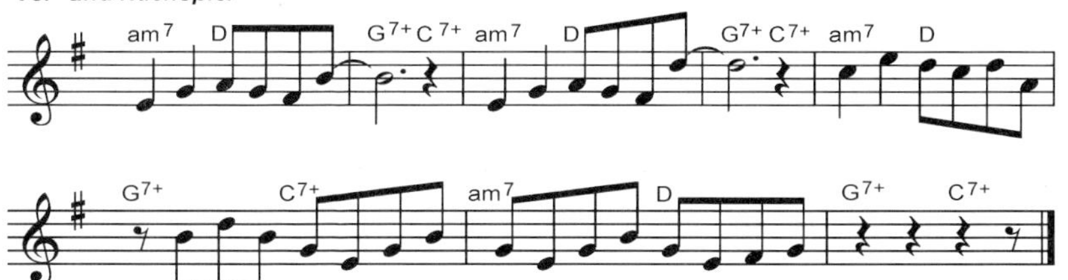

Text und Musik: Bernd Schlaudt

Eingangsgebet

Gott, wir danken dir, dass du uns immer wieder deine Liebe zeigst.
Wir sind dir wichtig, das tut gut. Wir wollen auf dein Wort hören,
öffne unsere Augen, Münder und Herzen. So wie wir sind, können wir zu dir kommen. Amen.

Psalm

(Nach Psalm 139)
*(Machen Sie die Kinder mit dem Kehrvers, indem sie ihn zwei-
oder dreimal gemeinsam sprechen, vertraut.)*

So wie ich bin

Alle: *So wie ich bin, komme ich zu dir!*
So wie wir sind, kommen wir zu dir!

> Herr, mein Gott, es ist gut, dass du mich siehst.
> Du siehst, wenn ich Angst habe,
> du siehst, wenn ich unzufrieden und traurig
> über mich selber bin,
> weil ich mich mit anderen vergleiche.

Alle: *So wie ich bin, komme ich zu dir!*
So wie wir sind, kommen wir zu dir!

> Du, Gott, kennst meine Wünsche.
> Ich träume davon, reich oder schön
> oder mächtig zu sein,
> groß und stark will ich sein.
> Die Menschen sollen mich bewundern und von mir
> reden.
> Aber ich weiß ja, das sind nur Träume.

Alle: *So wie ich bin, komme ich zu dir!*
So wie wir sind, kommen wir zu dir!

> Deine Hand hält mich fest
> in der Schule und zu Hause,
> wo immer ich bin, du hältst mich fest.
> Ich bitte dich, mein Gott, hilf mir,

dass ich mich nicht beklage, weil ich nicht so begabt,
nicht so schön oder nicht so gesund bin wie andere.

Alle: *So wie ich bin, komme ich zu dir!*
So wie wir sind, kommen wir zu dir!

Gott, ich danke dir, dass du mich festhältst.
Ich danke dir für alles, was du gegeben hast.
Gott, du kennst meinen Weg.
Du hilfst ihn mir gehen, weil du mich lieb hast.
Es ist gut, mein Gott, das zu wissen.

Alle: *So wie ich bin, komme ich zu dir ...*
So wie wir sind, kommen wir zu dir ...

Aus: Sagt Gott, wie wunderbar er ist, Alte und neue Psalmen zum Sprechen und
Singen, hg. von J. Koerver/G. Mohr/A. Weidle, Verlag Junge Gemeinde, Stutt-
gart 1990, S. 76, © Rheinischer Verband für Kindergottesdienst, Saarbrücken.

Hören und Antworten

Jede und jeder von uns kann etwas. Alle haben von Gott Gaben
und Fähigkeiten bekommen. Manche dieser Begabungen sind
offensichtlich, andere wollen erst entdeckt werden. Und noch was
ist Jesus wichtig ...

Viele Menschen fragen: Was sollen wir tun, bis Jesus wiederkommt? Auch
darauf hat Jesus mit einer Geschichte geantwortet:

Es war ein Mann, der war sehr reich. Eines Tages rief er seine Knechte zu
sich und sagte: »Ich muss in ein anderes Land reisen. Ich werde lange
Zeit weg sein. Darum nehmt mein Geld und verwaltet es gut! Wenn ich
wiederkomme, will ich sehen, was ihr getan habt.«
Und er gab dem ersten Knecht fünf Beutel voll Geld. Dem zweiten Knecht
gab er zwei Beutel. Dem dritten Knecht aber gab er nur einen Beutel.
Danach reiste er weg und ließ seine Knechte allein zurück.
Der erste Knecht machte sich gleich an die Arbeit. Er kaufte Äcker, säte
und erntete und verkaufte, was er geerntet hatte. Er arbeitete unentwegt

für seinen Herrn. Zuletzt hatte er doppelt so viel Geld wie am Anfang: zehn Beutel voll.

Der zweite Knecht blieb auch nicht träge sitzen. Er kaufte und verkaufte für seinen Herrn, so gut er konnte. Schließlich hatte er doppelt so viel Geld wie am Anfang: vier Beutel voll.

Beide Knechte freuten sich auf die Heimkehr ihres Herrn. Sie sagten sich: »Das wird ein Fest geben, wenn er kommt! Hoffentlich kommt er bald!«

Der dritte Knecht aber dachte bei sich. »Unerhört! Nur einen einzigen Beutel habe ich bekommen. Was kann ich denn mit einem einzigen Beutel anfangen?«

Er grub ein Loch und verscharrte das Geld in der Erde. Was kümmerte ihn das Geld seines Herrn? Und was kümmerte ihn sein Herr? Sollte er doch bleiben, wo er war! Er freute sich jedenfalls nicht auf ihn.

Endlich, nach langer Zeit, kam der Herr zurück. Der erste Knecht ging ihm fröhlich entgegen. »Sieh, was ich habe!«, rief er und zeigte stolz auf das Geld. »Fünf Beutel habe ich noch dazu verdient.«

Da freute sich sein Herr und sprach: »Sehr gut! Du bist ein tüchtiger und treuer Knecht. Ich habe dir nur wenig gegeben. Nun will ich dir noch viel mehr geben. Komm zu meinem Fest und freu dich mit mir!«

Da kam auch der zweite Knecht an und rief fröhlich: »Schau Herr, was ich habe! Zwei Säcke hast du mir gegeben. Zwei habe ich dazu gewonnen.«

Da freute sich der Herr und sprach: »Sehr gut!« Du bist ein tüchtiger und treuer Knecht. Ich habe dir nur wenig gegeben. Nun will ich dir noch viel mehr geben. Komm zu meinem Fest und freu dich mit mir!«

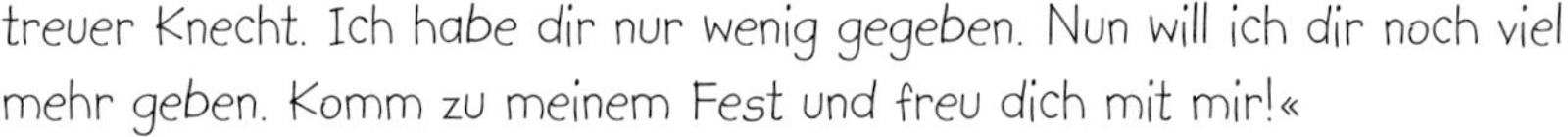

Endlich kam auch der dritte Knecht. Mürrisch stellte er sich vor seinen Herrn hin, warf ihm den Beutel vor die Füße und rief trotzig: »Da hast du dein Geld! Ich wusste ja, wie streng du bist. Ich hatte Angst, dein Geld zu verlieren. Darum habe ich es vergraben.«

Da wurde der Herr zornig und sprach: »Du fauler und unnützer Knecht! Du wusstest, dass ich streng bin? Und doch hast du nichts für mich

getan?« Und er nahm ihm das Geld weg und gab es dem ersten Knecht.
Den unnützen Knecht aber ließ er hinauswerfen.

Wie einer, der nach langer Zeit heimkehrt, so wird Jesus einst wieder
kommen. »Darum seid bereit!«, sagt Jesus. »Seid wie der kluge und treue
Knecht! Er freut sich, wenn sein Herr kommt!«

Aus: Irmgard Weth, Neukirchner Kinder-Bibel mit Bildern von Kees de Kort,
12. überarbeitete Auflage in neuer Rechtschreibung,
Kalenderverlag des Erziehungsvereins, Neukirchen-Vluyn 2000, S. 273 f.
(Nach Matthäus 25,14-30; 24,44ff.)

*(Bitte die spontanen Reaktionen der Kinder abwarten und auch
darauf eingehen.)*

Also – Jesus erwartet, dass wir unsere Gaben einsetzen. Sie sollen
leben und wirken. Was fallen euch für Gaben ein? Es können eigene oder auch Gaben von anderen Menschen sein.

Die Kinder berichten über solche Gaben. Gemeinsam wird überlegt, wie diese Gaben wirken können. Wichtig dabei ist, dass auch
kleine Gaben bzw. Fähigkeiten nicht unwichtig sind. Auch sie können wirken, z. B. wer gut zuhören kann, macht damit anderen
eine Freude bzw. ist eine echte Hilfe.

Jede und jeder ist also begabt. Ich habe euch eine Moritat mitgebracht. Eine Moritat ist ein Bänkellied. Früher wurden wichtige
Geschichten bzw. Neuigkeiten auf öffentlichen Plätzen singend
vorgetragen und mit Bildern illustriert. Die Moritat erzählt die
Geschichte, die ihr vorher gehört habt, die von den anvertrauten
Talenten. Wir wollen nun alle unsere Gaben einsetzen, um diese
Geschichte lebendig werden zu lassen.

- Einige von euch können große Bilder malen, um damit die Geschichte bzw. die Moritat zu illustrieren.

- Andere können die Moritat mit Orff-Instrumenten begleiten.
  (Sollten Sie keine Orff-Instrumente zur Verfügung haben, dann
  dürfen die Kinder an dieser Stelle körpereigene Instrumente
  zum Einsatz bringen. Körpereigene Instrumente sind z. B.: Klatschen, Pfeifen, Stampfen, Schnipsen usw.)

41

- Natürlich brauchen wir auch einen Moritatenchor. Wer also Lust hat die Moritat mit vorzutragen, setzt seine Gaben bei dieser Gruppe ein.

Sie können eine Auswahl aus den angebotenen 16 Strophen treffen. Dies gilt auch für die Malgruppe. Nicht alle Strophen müssen illustriert sein. Besonders die Größeren, die schon gut lesen und schreiben können, sollten den Moritatenchor unterstützen. Die Kinder schreiben die ausgewählten Strophen auf und können so beim Singen ablesen!
Da der Refrain von allen mit gesungen werden soll, kann in dieser Gruppe auch ein Papier, auf dem der Refrain groß aufgeschrieben ist, entstehen. Die Kleineren bekommen den Refrain zwei-, dreimal vorgesagt. Das reicht aus, damit sie auch an dieser Stelle jeweils mitsingen können.

Einige Hinweise zur Moritat

Der Moritatenchor singt die jeweiligen Strophen vor. Der Refrain transportiert die Hauptbotschaft. Er ist deshalb kurz und leicht mitzusingen. Es ist also wichtig, dass der Refrain von allen mitgesungen wird. Ein Chormitglied deutet mit einem Stock jeweils auf das die Strophe illustrierende Bild. Natürlich kommt beim Vortrag auch die Instrumentengruppe zum Einsatz.

Moritat zu den anvertrauten Talenten
Nach der Melodie: Ein Vogel wollte Hochzeit machen

1. Es reist ein Herr zur Stadt hinaus
und er bestellt zuvor sein Haus.
Refrain

2. Drei Knechte ruft er sich herbei:
»Verwaltet mein Vermögen treu!«
Refrain

3. Talente gibt er jedem Knecht:
Fünf, zwei und eins – wie's dünkt ihm recht.
Refrain

4. Der erste schafft, gewinnt dazu
fünf weitere Talent' im Nu.
Refrain

5. Der zweite macht es ebenso,
zählt vier Talente, ist sehr froh.
Refrain

6. Sein Geld vergräbt der dritte Knecht,
sag, guter Freund, ist das wohl recht?
Refrain

7. Der Herr kehrt heim nach langer Zeit,
die Knechte ruft er zum Bescheid.
Refrain

8. Zwei Knechte bringen den Gewinn;
der Herr lobt ihren treuen Sinn.
Refrain

9. »Ich setz' euch über vieles ein;
das soll der Lohn der Treue sein.«
Refrain

10. Der dritte spricht: »Ich hab' bewahrt
dein Gut, indem ich es verscharrt.
Refrain

11. Beim Handeln hab' ich niemals Glück,
drum nimm das Deine nur zurück.«
Refrain

12. Der Herr schilt ihn: »Unnützer Knecht!
Was du getan hast, war nicht recht.
Refrain

13. Nehmt sein Talent, gebt's obendrein
dem, der die zehn hat. – Es sei sein.«
Refrain

> 14. Was sagt uns Gott mit der Geschicht'?
> Verstecke deine Gaben nicht.
> Refrain
>
> 15. Setz' sie an deinem Platze ein,
> so wirst du deinen Herrn erfreu'n.
> Refrain
>
> 16. Dick oder dünn, groß oder klein –
> die Kerzen geben hellen Schein.
> Refrain
>
>
> Refrain:
>
> Jeder ist begabt, jeder ist begabt.
> Jeder ist sehr reich begabt.

Aus: 6 neue Moritaten zu biblischen Geschichten, hg. vom Förderverein Kindergottesdienst e. V., Karlsruhe.

Der Auftritt des Moritatenchors ist der Höhepunkt. Alle haben mit ihren Gaben mitgeholfen, dass diese Geschichte lebendig geworden ist. Vielleicht haben die Kinder Lust und Sie können vereinbaren, dass bei nächster Gelegenheit z. B. beim Gemeindefest oder Seniorennachmittag diese Moritat zur Freude anderer vorgetragen wird.

Sendung und Segen

Gebet
Gott, danke, dass du uns etwas zutraust und uns Gaben und Fähigkeiten geschenkt hast. Lass uns diese Gaben pflegen und auch für andere einsetzen.
Es gibt viele Möglichkeiten, mit unseren anvertrauten Talenten anderen zu helfen. Wir denken besonders an:

Raum für aktuelle Anliegen

____

____

____

____

____

____

____

Gemeinsam beten wir, wie es Jesus gelehrt hat.
Vater unser ...

Lied
Tschüss. Mach's gut

Zwischenspiel:

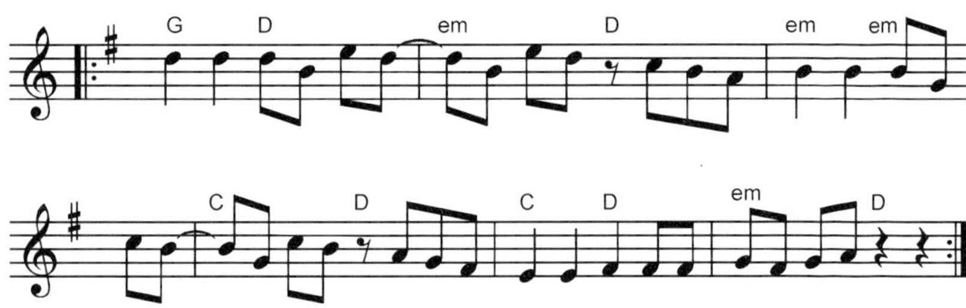

Text und Musik: Bernd Schlaudt

Segen

(Eine Mitarbeiterin, ein Mitarbeiter spricht Stück für Stück vor und die jeweilige Bewegung schließt sich an. Erst dann sprechen alle gemeinsam das Gehörte nach bzw. machen gemeinsam die Bewegungen.)

Gott, lass mich wachsen.
(Arme mit geöffneten Händen nach oben halten.)

Sei du mir nahe.
(Arme in der gleichen Bewegung noch weiter nach oben.)

Schütze meine Gedanken.
(Hände als Dach über dem Kopf halten.)

Nimm die Sorgen von meinen Schultern.
(Mit den Händen vom Kopf über die Schultern streichen.)

Lass mich mein Herz spüren.
(Beide Hände ans Herz legen.)

Gib mir Kraft für diesen Tag.
(Die Hände falten.)

Lass mich heute nicht allein.
(Alle im Kreis fassen sich an den Händen.)

Und segne mich. Amen.
(Hände geöffnet als Schale vor sich halten.)

Aus: Manfred Hilkert/Annette Krieck, Wir sind die Kleinen in der Gemeinde,
Bausteine für einen kreativen Kindergottesdienst mit 4- bis 6-Jährigen,
Kaufmann Verlag, Lahr 1995, S. 31.

Jetzt bleibt Zeit
zum Verabschieden, zum Aufräumen, zum Vereinbaren, zum Reden.

Zu guter Letzt
Falls vorhanden, Verteilzeitschriften nicht vergessen.

Notizen

Wir haben eine gute Nachricht

(Emmausgeschichte, Lukas 24,13-35)

Erzählpantomime und Tanz

Um was geht's?

Zwischen Verzweiflung, Hoffnungslosigkeit und neuem Mut zur Nachfolge liegt Emmaus. Jesus hat den Tod besiegt, lebt und zeigt sich seinen Jüngerinnen und Jüngern. Mit Hilfe einer Erzählpantomime werden alle Kinder in dieser Hoffnungsgeschichte aktiv sein. In einem Tanz bringen alle Beteiligten die Freude von damals und unsere heutige Begeisterung zum Ausdruck: Jesus ist auferstanden! Ein Kindergottesdienst mit einer guten Nachricht, die nicht nur zu Ostern gehört werden soll!

Was brauche ich?

- Papier
- Stifte

falls vorhanden:
- 2 Sitzkissen
- Tuch
- 3 Becher oder Gläser
- ein Stück Brot

Ankommen und Eröffnung

Eingangswort
Auf Gott vertrauen wir. Himmel und Erde sind sein. In seinem
Namen feiern wir diesen Gottesdienst. Amen.

Lied
Vom Aufgang der Sonne

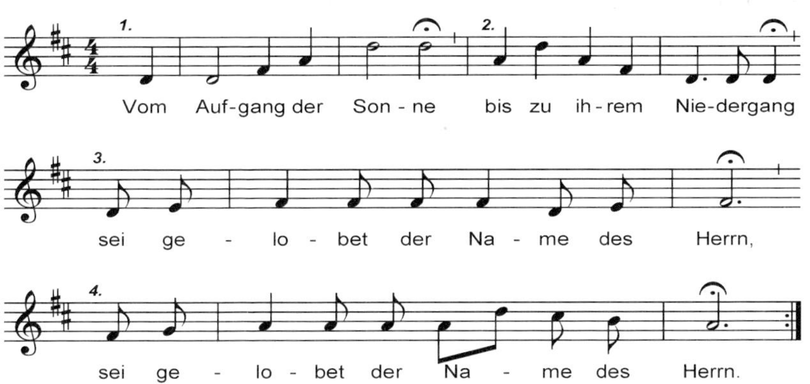

Text: Psalm 113,3
Kanon für 4 Stimmen: Paul Ernst Ruppel

Tanzbeschreibung
*(Alle stehen in einem Kreis mit dem Gesicht zur Mitte. Die Hände
sind durchgefasst.)*

Vom Aufgang der Sonne	*(Alle gehen langsam in Richtung Kreismitte und die Arme werden nach oben geführt.*
bis zu ihrem Niedergang	*Zurücklaufen und dabei die Arme langsam senken.*
sei gelobet der Name des Herrn,	*Hände loslassen und eine Drehung rechts herum, dabei klatschen.*
sei gelobet der Name des Herrn.	*Drehung links herum und wieder klatschen.)*

Eingangsgebet

Gott, du leuchtest uns wie die aufgehende Sonne.
Deine Strahlen sind Strahlen der Hoffnung.
Sie geben uns Mut und Freude.
Sei du nun, wenn wir die frohe Botschaft hören und feiern, mitten unter uns.
Amen.

Psalm

(nach Psalm 100)
(Machen Sie die Kinder mit dem Kehrvers, indem sie ihn zwei- oder dreimal gemeinsam sprechen, vertraut.)

Denn seine Güte währet ewiglich

Singt dem Herrn, alle Kinder,
    Alle: Denn seine Güte währet ewiglich.
Feiert ihn aus fröhlichem Herzen,
    Alle: Denn seine Güte währet ewiglich.
Kommt zu ihm mit guter Laune,
    Alle: Denn seine Güte währet ewiglich.

Lied

Hallelu-, Hallelu

Aus der Karibik

Freut euch darüber, was für einen Gott ihr habt,
Alle: Denn seine Güte währet ewiglich.
Er hat euch so wunderbar gemacht,
Alle: Denn seine Güte währet ewiglich.
Er liebt euch wie ein guter Vater seine Kinder,
Alle: Denn seine Güte währet ewiglich.
Er gibt Acht auf euch. Auf ihn ist Verlass,
Alle: Denn seine Güte währet ewiglich.

Lied
Hallelu-, Hallelu

Geht hinein in Gottes Haus,
Alle: Denn seine Güte währet ewiglich.
Dankt ihm in den Kirchen und Gemeindehäusern,
Alle: Denn seine Güte währet ewiglich.
Singt Gott fröhliche Lieder,
Alle: Denn seine Güte währet ewiglich.

Lied
Hallelu-, Hallelu

Hören und Antworten

Zum Einsatz der Erzählpantomime

Bei der Erzählpantomime sind alle Kinder aktiv beteiligt. Spontan setzen sie das, was sie von der Erzählerin/dem Erzähler hören, in wortlose Aktionen um. Wichtig für das Gelingen einer Erzählpantomime ist die anleitende Rolle der Erzählerin/des Erzählers. Sie führt alle Beteiligten durch das, was sie wie sagt und ggf. wiederholt. Dabei ist das Lesetempo ruhig und langsam. Regieanweisungen (Was ist zu tun?) helfen den Beteiligten beim Nachspielen bzw. Umsetzen des Gehörten. Die Erzählerin/der Erzähler beobachtet genau, was die Beteiligten tun, und wiederholt z. B. eine Stelle, wenn sie nicht oder nur unzureichend in Aktion umgesetzt wurde.
Auch ungeübte Gruppen können, so gut angeleitet, völlig unbekannte Texte in pantomimische Aktionen, also ohne Sprache,

umsetzen. Hilfreich ist der Grundsatz: Erst wird der Text gesprochen, die daraufhin folgende Pause ist dann das Signal zum Nachspielen.

Erzählpantomime zur Emmausgeschichte (Lk 24,13-35)

(Folgende Rollen bitte unter den Kindern verteilen. Alle, die möchten, dürfen mitspielen!)

- Jesus
- (Anzahl beliebig) Volk von Jerusalem (sitzen zunächst)
- Drei Frauen
- (Anzahl beliebig) Jünger und Jüngerinnen Jesu in Jerusalem inkl. der zwei Emmausjünger (Kleopas und Jonatan)

Orte:
- Das Haus der Jünger/innen in Jerusalem (Stuhlkreis in einer Raumecke)
- Der Weg nach Emmaus (wird durch Schilder: nach Emmaus/nach Jerusalem markiert. Diese beiden Schilder (Papier und Stifte) stellt die Gruppe her oder sind bereits vorbereitet)
- Jerusalem (Stuhlkreis in einer Raumecke)
- Das Haus in Emmaus (in einer Raumecke: 3 Sitzkissen, ein Tuch als Tisch, 3 Becher/Gläser, Brot)

(Alle, die wollten, haben eine Rolle in der Geschichte bekommen. Die anderen sind Zuschauer. Ich lese nun diese Geschichte vor und ihr spielt das, was ihr hört, ohne Worte nach. Zuerst lese ich ein Stück und danach spielt ihr das Gehörte.)

Erzähler/in:
Es ist Sonntagnachmittag in Jerusalem. Die Freunde und Freundinnen Jesu sitzen zusammen. Stumm und in sich zusammengesunken starrt jeder vor sich hin. Sie schütteln ihre Köpfe – sie können es immer noch nicht fassen: Jesus ist tot. Vor Verzweiflung schlagen manche sogar ihre Hände vors Gesicht. Andere reiben sich die Augen. Dann sitzen sie wieder stumm da, die Hände im Schoß. Eine tiefe Traurigkeit liegt über ihnen. Niemals mehr wird Jesus so bei ihnen sein wie früher. Alles ist anders geworden. Einige seufzen.

Da stehen Kleopas und Jonatan auf und nicken sich zu. Sie packen ihre Sachen zusammen. Sie halten es nicht mehr aus und wollen heute noch nach Hause. Sie kommen aus Emmaus, einem kleinen Dorf zwei Wegstunden entfernt. Sie heben ihre Hand zu einem traurigen Abschiedsgruß. Die andern winken niedergeschlagen zurück.

Jonatan und Kleopas verlassen das Haus und gehen Richtung Emmaus. Ihre Schritte sind langsam. Schweigend gehen sie mit hängenden Köpfen nebeneinander her. Auf einmal bleibt Jonatan stehen und blickt Kleopas traurig an. Auch Kleopas hält an. Klagend hebt er die Arme und lässt sie wieder fallen. »Nun ist alles aus. Jesus ist tot.« Niedergeschlagen blicken sie zu Boden. Kleopas hebt fragend die Arme und sagt: »Warum nur musste Jesus sterben? Wir werden es nie begreifen.« Fassungslos zucken beide mit den Schultern. Langsam gehen sie weiter.

Plötzlich holt ein Fremder sie ein und geht neben ihnen her. Sie bemerken ihn zuerst gar nicht – so sehr sind sie in ihren Gedanken vertieft. Da legt der Fremde Kleopas die Hand auf die Schulter. Jetzt wenden sie sich dem Fremden zu und sehen ihn erstaunt an. Der Fremde fragt sie: »Warum seid ihr so traurig?« Ungläubig schütteln Kleopas und Jonatan den Kopf. Kleopas zeigt auf Jesus und sagt: »Weißt du nicht, was in Jerusalem geschehen ist?«

Kleopas hebt den Arm und zeigt zurück nach Jerusalem. Alle drei schauen sie in diese Richtung. Kleopas beginnt zu erzählen. Und vor ihren Augen sehen sie noch einmal, was geschehen ist – erst eine Woche zuvor (Volk von Jerusalem steht auf).

Eine Menschenmenge auf dem Weg nach Jerusalem. Sie hatten die Arme empor gereckt. »Hosianna« riefen sie. Sie winkten. Immer wieder riefen sie »Hosianna«. Einige zogen ihre Kleider aus. Sie legten sie auf den Weg. Andere sprangen vor Freude in die Luft. Und immer wieder rissen sie die Arme hoch. Und riefen: »Gelobt sei Gott.« Sie jubelten. Sie fielen einander in die Arme. Ein Freudenfest.

So hatten sie damals Jesus begrüßt, als er nach Jerusalem gekommen war. Aber jetzt ist das alles vorbei. Kleopas lässt seinen Arm sinken (Volk von Jerusalem setzt sich wieder). Langsam gehen sie weiter. Kleopas und Jonatan geht durch den Kopf, was dieser freudigen Begrüßung in Jerusa-

lem gefolgt war. Sie bleiben stehen und erzählen es dem Fremden. Jetzt zeigt Jonatan nach Jerusalem zurück und sie sehen vor ihren Augen, was nur einige Tage später geschehen war (Volk von Jerusalem steht auf).

Wieder eine Menschenmenge, diesmal aber voll Ärger und Zorn. Die Menschen hatten ihre rechte Hand erhoben. Zur Faust geballt. Und sie riefen: »Kreuzige ihn.« Sie stampften mit den Füßen auf. Sie schrien: »Er muss sterben.« Sie waren aufgebracht und wild. Sie wollten Jesus sterben sehen. Immer wieder streckten sie die Fäuste in die Höhe. Immer wieder stampften sie auf. Dabei hatte Jesus ihnen nichts getan. Aber sie waren wild vor Zorn.

Das war das Ende gewesen. Bald danach wurde Jesus verurteilt und ans Kreuz gehängt, wo er starb. Jonatan lässt seinen Arm sinken (Volk von Jerusalem setzt sich wieder). Traurig schauen er und Kleopas den Fremden an. Schweigend gehen sie langsam weiter.

Nach einer kleinen Weile bleibt Kleopas stehen und auch die anderen halten an. Ungläubig schüttelt er den Kopf. Dann fängt er an zu erzählen. Und noch einmal zeigt er nach Jerusalem:

Heute Morgen stürmten drei Frauen aufgeregt in unser Haus. Sie waren beim Grab Jesu gewesen. Wir Jünger und Jüngerinnen fuhren erschrocken auf. Die Frauen erzählten ganz durcheinander. Der tote Jesus wäre verschwunden. Die Jünger konnten es nicht glauben, winkten ab und schüttelten die Köpfe. Dann setzten sich alle wieder traurig hin.

Kleopas nimmt den Arm herunter. Er zuckt fragend mit den Schultern und sagt: »Was sollen wir davon halten?« Der Fremde schaut Kleopas und Jonatan freundlich an. Dann fordert er sie mit einer Handbewegung auf mitzugehen. Während sie gehen, erklärt er ihnen: »Versteht ihr denn nicht, dass Jesus, der Retter, leiden musste? So steht es doch schon in den Heiligen Schriften.« Erstaunt bleiben Jonatan und Kleopas stehen und schauen zuerst einander und dann den Fremden an. Dann gehen sie weiter und der Fremde erklärt ihnen, wie der Tod Jesu zu verstehen sei. Jonatan und Kleopas hören ihm interessiert zu.

54

Inzwischen sind sie in Emmaus angekommen. Sie bleiben stehen. Der Fremde reicht Kleopas zum Abschied die Hand. Doch Kleopas zeigt an den Himmel und sagt: »Bleib doch bei uns, denn der Tag ist vorbei und es ist schon dunkel geworden.« Mit einer einladenden Geste führt er den Fremden ins Haus. Jonatan folgt.

Im Haus legen sie ihre Mäntel ab. Der Fremde und Jonatan setzen sich. Kleopas holt Brot und Wein und stellt beides auf den Tisch. Der Fremde nimmt das Brot, hebt es empor und spricht das Dankgebet. Dann bricht er das Brot entzwei und reicht ein Stück Kleopas und das andere Jonatan. Über-

rascht sehen sie den Fremden an und neh-men das Brot. Da erkennen sie: Der Fremde ist Jesus. Sie schauen einan-der an. Und dann wenden sie sich Jesus zu. Aber der steht auf und geht hinaus. Und ehe sie ihm folgen können, ist er schon weg. Jonatan und Kleopas starren fassungslos auf das Brot in ihren Händen. Jesus war die ganze Zeit bei ihnen und sie haben es nicht bemerkt.

Jetzt können sie nicht mehr ruhig sitzen bleiben. Sie stehen auf, packen ihre Mäntel und laufen fröhlich wieder nach Jerusalem zurück. Das müs-sen sie so schnell wie möglich ihren Freunden erzählen.

In Jerusalem ist inzwischen auch etwas geschehen. Die Traurigkeit ist wie weggeblasen. Von den Freunden und Freundinnen Jesu sitzt keiner mehr traurig da. Alle sind aufgestanden und reden aufgeregt miteinander.

Kleopas und Jonatan kommen zu dem Haus, in dem die anderen versam-melt sind. Sie rufen fröhlich: »Wir haben eine gute Nachricht. Der Herr ist auferstanden!« Die anderen wenden sich den beiden zu, reißen vor Freude die Arme hoch und antworten: »Er ist wahrhaftig auferstanden.«

Entstanden bei einer Kindergottesdienstfortbildung in der Badischen Landeskirche.

(Nach dieser Erzählpantomime sollte ein wenig Zeit sein, um die spontanen Äußerungen und Reaktionen der Kinder aufzunehmen.)

Ich kann mir gut vorstellen, dass die Jüngerinnen und Jünger damals ein richtiges Freudenfest gefeiert haben. Die gute Nachricht, dass Jesus lebt, dass er den Tod besiegt hat und auferstanden ist, gilt auch für uns hier, jetzt und heute. Ich habe uns einen Tanz, der diese Freude zum Ausdruck bringt, mitgebracht.

Lied
Christus ist auferstanden

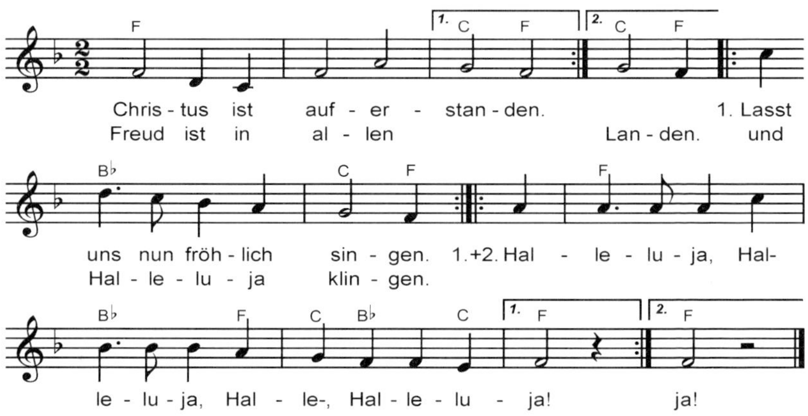

2. Wir tanzen einen Reigen
   mit Flöten und mit Geigen.

Text und Musik: Köln 1623
Tanz: Elke Hirsch

Aufstellung: *Einzeln im Kreis mit dem Gesicht zur Mitte. Paarweise durchgezählt (A-B). Offene Gebärde.*

Christus ist auferstanden, *Gruppe A: Arme langsam in orante Haltung.*

Freud ist in allen Landen.

Lasst uns nun fröhlich singen und Halleluja klingen.

Mit gesenkten Armen zum Kreis durchfassen.
8 Hüpfschritte in Tanzrichtung, rechter Fuß beginnt.

Halleluja,

Zur Mitte gewendet, durchgefasst 1 Schritt mit dem rechten Fuß zur Mitte, den linken Fuß beistellen. Dabei die Arme in Reigenfassung nehmen.

Halleluja,

1 Schritt mit dem rechten Fuß zur Mitte, den linken Fuß beistellen. Dabei die Arme nach oben strecken.

Halle-,
Halleluja!

4 Schritte zurück.
Dabei die Arme senken.

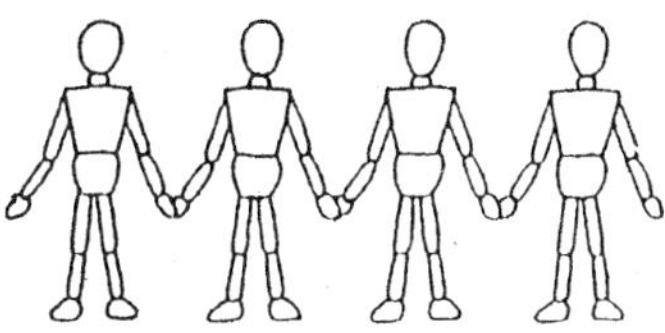

Das Halleluja wiederholen.

Sendung und Segen

Gebet

Herr Jesus Christus, wir haben die gute Nachricht gehört.
Du bist auferstanden.
Wir freuen uns darüber und gehen fröhlich und gestärkt in die neue Woche.
Wir denken aber auch an die Menschen, die ganz niedergeschlagen und verzweifelt sind.
Gib ihnen Kraft zum Leben.
Wir denken an die Menschen, die vor Trauer nicht mehr ein noch aus wissen.
Gib ihnen Kraft zum Leben.
Wir denken an die Menschen ...

Raum für aktuelle Anliegen

Gemeinsam beten wir, wie es Jesus gelehrt hat:
Vater unser ...

Lied

Wir gehen in Frieden

Text: Paul Martin Clotz
Musik: Bernd Schlaudt

Segen

Guter Gott,
schenke uns deinen Segen.

Sei bei jedem von uns, wenn wir
nun nach Hause gehen.

Lass deinen Segen bei uns sein
wie ein verbindendes Band.

Gib uns Mut bei allem, was wir
tun.
Amen.

*(Alle fassen sich an die Hände
und bilden einen Kreis.*

*Alle legen ihre Hände auf die
Schultern des Nachbarn.*

*Wir drücken die Hände der
Nachbarn.)*

Jetzt bleibt Zeit
zum Verabschieden, zum Aufräumen, zum Vereinbaren, zum Reden.

Zu guter Letzt
Falls vorhanden, Verteilzeitschriften nicht vergessen.

Notizen

Armer reicher Mann?

(Der reiche Kornbauer, Lukas 12,16-21)

Erzählung mit Chor (kein Gesang) und das Füllen einer Schatzkiste

Um was geht's?

Jesus ist nicht gegen Besitz als solches. Die Geschichte vom reichen Kornbauern zeigt u.a., dass materieller Besitz, also das, was wir normalerweise als Reichtum empfinden, allein kein erfülltes Leben garantiert. Reichtum ist also nicht nur eine Frage des Besitzes, sondern auch eine Frage nach der Lebenseinstellung. Was macht uns reich?

Was brauche ich?

- Eine Schachtel, z. B. Schuhschachtel
- Geschenkpapier
- Kleber
- Papier
- Stifte
- Scheren

Ankommen und Eröffnung

Eingangswort

Wo zwei oder drei in meinem Namen versammelt sind, da bin ich mitten unter ihnen. So feiern wir unseren Kindergottesdienst im Namen des Vater, des Sohnes und des Heiligen Geistes. Amen.

Lied

Du bist da

2. Du bist da, wo Menschen hoffen,
   du bist da, wo Hoffnung ist.

3. Du bist da, wo Menschen lieben,
   du bist da, wo Liebe ist.

4. Halleluja, halleluja,
   halleluja, halleluja.

Text und Musik: Detlev Jöcker
Aus Buch, CD und MC: »Das Liederbuch zum Umhängen 1«
© Menschenkinder Verlag, 48157 Münster.

Eingangsgebet

Guter Gott, wir haben uns in deinem Namen versammelt. Du bist da. Wir wollen miteinander hören und reden, singen und beten. Lass uns spüren, dass du mitten unter uns bist. Amen.

Psalm

(nach Psalm 139)
(Machen Sie die Kinder mit dem Kehrvers, indem sie ihn zwei- oder dreimal gemeinsam sprechen, vertraut.)

Von allen Seiten umgibst du mich

Sprecherin 1: Herr, jeden Tag bist du bei mir.
Darum kennst du mich so gut.
Schon wenn ich aufstehe, weiß ich:
Du bist für mich da.
Alles, was ich denke und fühle, kennst du.

> *Alle: Von allen Seiten umgibst du mich*
> *und hältst deine Hand über mir.*

Sprecherin 2: Was ich auch sagen will –
du weißt es schon.
Den ganzen Tag über begleitest du mich.
Das ist so wunderbar;
ich kann es gar nicht begreifen.
Keinen Ort gibt es auf der ganzen Welt,
wo du nicht für mich da sein willst.

> *Alle: Von allen Seiten umgibst du mich*
> *und hältst deine Hand über mir.*

Sprecherin 1: Wenn ich morgens zur Schule gehe –
oder wenn ich nachmittags spiele,
immer will deine Nähe mich stark machen.
Auch in der Nacht, wenn ich Angst habe,
du bist bei mir.

> *Alle: Von allen Seiten umgibst du mich*
> *und hältst deine Hand über mir.*

Sprecherin 2: Ich will dich loben,
dass ich lebe und gesund bin.
Alles, was du für mich tust, bewundere ich.
Ich will dir danken,
dass du noch so viel mit mir vorhast.

> *Alle: Von allen Seiten umgibst du mich*
> *und hältst deine Hand über mir.*

Aus: Alles, was Atem hat, lobe den Herrn! Psalmen für Kinder, hg. im Auftrag
des Rheinischen Verbandes für Kindergottesdienst, Düsseldorf.

Hören und Antworten

Zur Methode Erzählung mit Chor

Bei einer Erzählung mit Chor sind alle Kinder aktiv beteiligt. Dazu wird eine Erzählerin/Erzähler und eine Chorführerin bzw. Chorführer gebraucht. Sollten Sie den Kindergottesdienst alleine leiten, so ist es ratsam, die Rolle der Erzählerin/des Erzählers einem geeigneten Kindergottesdienstkind zu übergeben. Alles, was die Chorführerin bzw. Chorführer sagt, wird von den Kindern gemeinsam und gleichzeitig wiederholt. Die Chorführerin/der Chorführer wird dabei sowohl im Tempo als auch im Tonfall nachgeahmt. Die Rolle der Chorführerin/ des Chorführers ist also für das Gelingen entscheidend. Am besten machen Sie zu Beginn eine Probe. Sie sprechen einen Satz vor, und wenn Sie fertig sind (erst dann), sprechen alle Kinder das Gehörte nach. So, das ist alles. Die Methode ist einfach, macht Spaß und beteiligt alle Kinder aktiv.

ErzählerIn:	Jesus erzählt eine Geschichte. Er erzählt sie Leuten, die reich sind. Leuten, die viel haben und noch mehr haben wollen und die zugleich vergesslich sind. Er erzählt sie Leuten, die einfach nicht genug kriegen können und die schließlich ... Nun ja, ihr werdet es hören und werdet's erleben, wie's Leuten ergeht, die reich und vergesslich sind. Die Geschichte von Jesus erzähl' ich jetzt euch. Passt auf! Der Michel ist ein Bauer. Er ist ein reicher Mann. Er steht auf seinem Bauernhof und sieht sich alles an:
ChorführerIn:	Ein großes Haus –
Alle:	Ein großes Haus –
ChorführerIn:	Da steht die Scheune –
Alle:	Da steht die Scheune –
ErzählerIn:	Und in der Scheune sind:
ChorführerIn:	Siebzehn Wagen Heu
Alle:	Siebzehn Wagen Heu
ChorführerIn:	Zwanzig Säcke Weizen
Alle:	Zwanzig Säcke Weizen
ChorführerIn:	Und ein Haufen Stroh
Alle:	Und ein Haufen Stroh
ChorführerIn:	Viele Zentner Rüben

Alle:	Viele Zentner Rüben
ChorführerIn:	Und ein Berg Kartoffeln
Alle:	Und ein Berg Kartoffeln
ErzählerIn:	Und im Stalle stehn:
ChorführerIn:	Fünfzehn Kühe, viele Kälber
Alle:	Fünfzehn Kühe, viele Kälber
ChorführerIn:	Ochsen, Schweine, Hühnervieh
Alle:	Ochsen, Schweine, Hühnervieh
ChorführerIn:	Ich bin reich! Jawohl – und wie!
Alle:	Ich bin reich! Jawohl – und wie!
ErzählerIn:	Der Bauer Michel ist ein reicher Mann. Er hat viel, sehr viel. – Er hat so viel, weil er nicht faul ist.
ChorführerIn:	Ich halt mich ran!
Alle:	Ich halt mich ran!
ChorführerIn:	Ich schufte jeden Tag!
Alle:	Ich schufte jeden Tag!
ChorführerIn:	Von früh bis spät, jeden Tag!
Alle:	Von früh bis spät, jeden Tag!
ChorführerIn:	Montag, Dienstag, Mittwoch
Alle:	Montag, Dienstag, Mittwoch
ChorführerIn:	Donnerstag bis Samstag
Alle:	Donnerstag bis Samstag
ChorführerIn:	Und des Sonntags auch!
Alle:	Und des Sonntags auch!
ChorführerIn:	Ich schufte jeden Tag!
Alle:	Ich schufte jeden Tag!
ErzählerIn:	Der Bauer Michel ist sehr fleißig und darum ein reicher Mann geworden. Aber nicht nur, weil er fleißig ist, hat er's zu was gebracht. Nein, er weiß auch:
Chorführerin:	Alles in die Scheune rein!
Alle:	Alles in die Scheune rein!
ChorführerIn:	Immer, immer sparsam sein!
Alle:	Immer, immer sparsam sein!
ChorführerIn:	Immer an sich selber denken!
Alle:	Immer an sich selber denken!
ChorführerIn:	Nichts verschenken!
Alle:	Nichts verschenken!
ErzählerIn:	Der Bauer Michel weiß genau: Reich werd ich nur,

wenn ich immer schön an mich – an mich nur denke. – Wer weiß, was morgen mir geschieht? Wer weiß: Der Blitz schlägt ein? Ein Brand entsteht? Ein Sturm kommt her? Der Schnee erstickt? Der Fluss schwemmt weg? Es hagelt schwer?

ChorführerIn:	Mein Vieh erkrankt?
Alle:	Mein Vieh erkrankt?
ChorführerIn:	Mein Haus brennt ab?
Alle:	Mein Haus brennt ab?
ChorführerIn:	Die Ernte schlecht?
Alle:	Die Ernte schlecht?
ChorführerIn:	Ein Krieg bricht aus?
Alle:	Ein Krieg bricht aus?
ErzählerIn:	Der Bauer Michel meint: Wer weiß, was mir geschieht? Ich sorge vor! Ich denk an mich! Ich leg beizeiten was auf die Seiten! Man kann nie wissen, was geschieht. Wer hat, der hat. Wer viel hat, lebt lang. Wer mehr hat, lebt länger. Drum halte ich beisammen, was ich geerntet hab und was ich ernten werde. – Und weil der Bauer Michel fleißig ist und schuftet:
ChorführerIn:	Montag und (rasch skandiert)
Alle:	Montag und
ChorführerIn:	Dienstag und
Alle:	Dienstag und
ChorführerIn:	Mittwoch und
Alle:	Mittwoch und
ChorführerIn:	Donnerstag und
Alle:	Donnerstag und
ChorführerIn:	Freitag und
Alle:	Freitag und
ChorführerIn:	Samstag und
Alle:	Samstag und
ChorführerIn:	Sonntag auch.
Alle:	Sonntag auch.
ErzählerIn:	Und weil der Bauer Michel alles beisammen hält, sparsam ist, nichts verschenkt und immer schön an sich denkt – wird er reicher und reicher. – Und eines Tages ist seine Ernte so reichlich, eines Tages weiß er nicht mehr, wohin mit allem Reich-

tum. Die Scheune voll, die Ställe voll, er weiß nicht mehr, wohin er soll mit allem Reichtum. – Er denkt:

ChorführerIn:	Wohin mit der Ernte?
Alle:	Wohin mit der Ernte?
ChorführerIn:	Wohin mit den Gaben?
Alle:	Wohin mit den Gaben?
ChorführerIn:	Die Scheune zu klein!
Alle:	Die Scheune zu klein!
ChorführerIn:	Der Stall überfüllt!
Alle:	Der Stall überfüllt!
ChorführerIn:	Was soll ich tun?
Alle:	Was soll ich tun?
ErzählerIn:	Ja – was soll er tun? Was zu viel ist – vielleicht – soll er's verschenken? Was zu viel ist – vielleicht – soll andern er's geben?
ChorführerIn:	Ich weiß, was ich tu!
Alle:	Ich weiß, was ich tu!
ChorführerIn:	Ich bau noch 'ne Scheune!
Alle:	Ich bau noch 'ne Scheune!
ChorführerIn:	Ich bau noch zwei Scheunen!
Alle:	Ich bau noch zwei Scheunen!
ChorführerIn:	Ich bau noch zwei Ställe!
Alle:	Ich bau noch zwei Ställe!
ChorführerIn:	Dann wird es wohl reichen für alle Fälle!
Alle:	Dann wird es wohl reichen für alle Fälle!
ErzählerIn:	Gesagt – und getan! Der Michel, er baut noch Scheunen und Ställe. – Jetzt ist er noch mehr als bisher beschäftigt. Ernten und bauen, bauen und ernten. Tag und Nacht ist er auf den Beinen, eilt hin und eilt her. Man kann ja nicht wissen, ob sie auch alle richtig am Werk sind. Überall ist er dabei, sieht nach, überprüft, treibt an und bespricht und – reibt sich die Hände:
ChorführerIn:	Bald ist es vollendet!
Alle:	Bald ist es vollendet!
ChorführerIn:	All meine Güter kann ich jetzt sammeln.
Alle:	All meine Güter kann ich jetzt sammeln.
ChorführerIn:	Ich hab mich versorgt!
Alle:	Ich hab mich versorgt!

ChorführerIn:	Ich hab mich versorgt!
Alle:	Ich hab mich versorgt!
ErzählerIn:	Kaum hat er's gesagt, da –
ChorführerIn:	Da?
Alle:	Da?

| ErzählerIn: | Stirbt er! Und Gott tritt zu Michel und sagt: Nun, lieber Michel, du hast viel erreicht. Immer mehr hast du bekommen und immer reicher bist du geworden. Sag' mir, lieber Michel, warst du glücklich und zufrieden im Leben? |

Aus: Jürgen Koerver, Die verlorene Drachme und andere biblische »Erzählungen mit Chor«, Verlag Junge Gemeinde, Leinfelden-Echterdingen, 1. Auflage 1982. Schluss neu gestaltet von Manfred Hilkert.

Bitte warten Sie nun die spontanen Reaktionen der Kinder ab! Sehr unterschiedlich können die Reaktionen sein. Von »natürlich war er glücklich – er war doch reich« bis »Besitz, Geld allein macht nicht glücklich«. Nachdem die Kinder sich spontan geäußert haben, nehmen Sie die Schuhschachtel in die Hand. Es gibt tatsächlich Menschen, die alles haben – sich alles kaufen können und trotzdem unglücklich sind. Es gibt also Dinge, die uns glücklich machen und die man nicht kaufen kann.
Aus dieser Schuhschachtel werden wir eine Schatzkiste machen. In diese Schatzkiste jedoch sollen Dinge hinein kommen, die wertvoll sind, die uns reich machen, die wir uns aber nicht kaufen können. Habt ihr Ideen, was das sein kann, was wir in unsere Schatzkiste tun werden? Nun wird gesammelt:

- *Für andere Zeit haben,*
- *jemandem zuhören,*
- *sich auf jemanden verlassen können,*
- *jemanden lieben usw.*

Nachdem genügend gesammelt ist, können nun die Kleineren die genannten Dinge malen und die Größeren Symbole, z. B. eine Uhr – für jemanden Zeit haben, malen und ausschneiden. Wenn alle Bilder und Symbole fertig sind und die Schatzkiste z. B. mit Hilfe des Geschenkpapiers verziert ist, wird die Schatzkiste in die Mitte gestellt und die Kinder legen ihre Dinge, die reich machen, also ihre Schätze, hinein. Jede und jeder sagt nochmals ein oder zwei Sätze dazu.

Die gefüllte Schatzkiste wird im Kindergottesdienstraum, als Erinnerung an unseren Reichtum, sichtbar aufgestellt.

Lied

Ich lobe meinen Gott, der aus der Tiefe mich holt

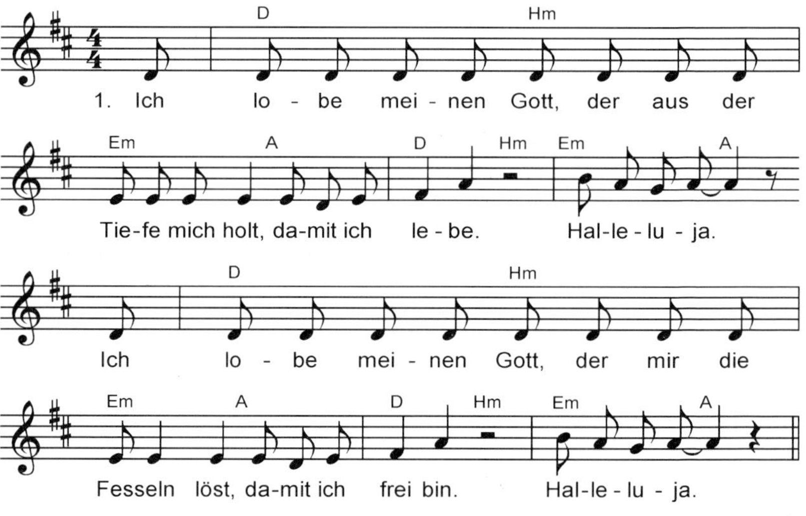

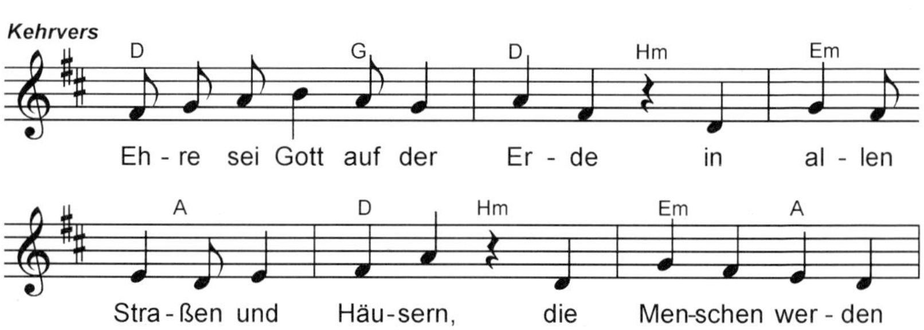

2. Ich lobe meinen Gott, der mir den neuen Weg weist, damit ich handle. Ich lobe meinen Gott, der mir mein Schweigen bricht, damit ich rede. *Kehrvers*

3. Ich lobe meinen Gott, der meine Tränen trocknet, dass ich lache. Ich lobe meinen Gott, der meine Angst vertreibt, damit ich atme. *Kehrvers*

Text: Hans-Jürgen Netz; Musik: Christoph Lehmann
© tvd-Verlag, Düsseldorf.

Sendung und Segen

Gebet

Guter Gott, jeden Tag beschenkst du uns. Oft merken wir das gar nicht. Wir haben genügend zu essen. Wir haben Freundinnen und Freunde und Menschen, die es gut mit uns meinen und uns ihre Zeit, ihre Zuneigung und vieles mehr schenken. So spüren wir, dass du, Gott, uns lieb hast. Dafür danken wir dir.
Wir wollen aber auch an die Menschen denken, die wirklich arm dran sind. Arm, weil sie nicht wissen, wo sie die tägliche Nahrung herbekommen sollen. Arm, weil um sie herum Krieg und Gewalt herrscht. Arm, weil sie keine Menschen finden, die sich um sie kümmern.

Raum für aktuelle Anliegen

____

____

____

____

____

____

Gemeinsam beten wir so, wie Jesus es uns gelehrt hat:
Vater unser ...

Lied
Bewahre uns, Gott

(Wir stellen uns im Kreis auf. Fassen uns an den Händen und wiegen uns im Rhythmus.)

2. Bewahre uns, Gott, behüte uns, Gott, sei mit uns in allem Leiden. Voll Wärme und Licht im Angesicht, sei nahe in schweren Zeiten, voll Wärme und Licht im Angesicht, sei nahe in schweren Zeiten.

3. Bewahre uns, Gott, behüte uns, Gott, sei mit uns vor allem Bösen. Sei Hilfe, sei Kraft, die Frieden schafft, sei in uns, uns zu erlösen, sei Hilfe, sei Kraft, die Frieden schafft, sei in uns, uns zu erlösen.

4. Bewahre uns, Gott, behüte uns, Gott, sei mit uns durch deinen Segen. Dein Heiliger Geist, der Leben verheißt, sei um uns auf unsern Wegen, dein Heiliger Geist, der Leben verheißt, sei um uns auf unsern Wegen.

Text: Eugen Eckert
© Strube Verlag, München-Berlin.
Musik: Andreas Ruuth

Segen
Guter Gott, wir bitten dich,
schütze und bewahre uns.
Lass uns auch in der kommenden Woche
unter deinem Segen leben und ihn an andere weitergeben. Amen.

Jetzt bleibt Zeit
zum Verabschieden, zum Aufräumen, zum Vereinbaren, zum Reden.

Zu guter Letzt
Falls vorhanden, Verteilzeitschriften nicht vergessen.

Notizen

Der große Preis

Fragen und Aufgaben aus den Bereichen Bibel, Personen, Aufgaben, Gemeinde, biblische Geschichten, Tiere und Pflanzen in der Bibel

Um was geht's?

Bei diesem Quiz können Kinder in Kleingruppen ihr Wissen einbringen und einfache Aufgaben lösen. Die abwechslungsreiche und spannende Form ist an die frühere TV-Quizsendung »Der große Preis« angelehnt.

Was brauche ich?

- Ein Stift
- kleine Preise (evtl. können die auch am nächsten Sonntag nachgeliefert werden).

Ankommen und Eröffnung

Eingangswort

Gott lädt uns ein. Deshalb feiern wir unseren Kindergottesdienst
in seinem Namen und freuen uns, dass er mitten unter uns ist.
Amen.

Lied

Ob wir zwei oder drei

Ob wir zwei oder drei oder viele sind
ist einerlei beim Reden, Singen
und beim Lachen
und was wir sonst noch alles machen,
ob wir nun beten, klagen, loben
oder auch mal richtig toben.

Text und Musik: Bernd Schlaudt

Eingangsgebet

Gott, wir danken dir für diesen Sonntag. Danke, dass wir fröhlich
aufgewacht sind. Danke für alles, was wir können. Danke, dass
du immer bei uns bist. Amen.

Psalm

(nach Psalm 111)

*(Machen Sie die Kinder mit dem Kehrvers, indem sie ihn zwei-
oder dreimal gemeinsam sprechen, vertraut. Sie können auch
gemeinsam den Kehrvers singen.)*

Halleluja, preiset den Herrn

Sprecherin 1:	Wir danken dem Herrn von ganzem Herzen und loben ihn:
Alle:	Halleluja, preiset den Herrn!
Sprecherin 2:	Wir haben oft Grund genug, uns zu freuen: Unsere Eltern sorgen für uns; wir haben Freunde, mit denen wir spielen können; wir gehen in die Schule und können mit anderen zusammen lernen.
Sprecherin 1:	Wir danken dem Herrn von ganzem Herzen und loben ihn:
Alle:	Halleluja, preiset den Herrn!
Sprecherin 2:	Wir haben aber oft auch Angst und fühlen uns allein, dann wollen wir daran denken: Gott hat uns versprochen, immer bei uns zu sein.
Sprecherin 1:	Wir danken dem Herrn von ganzem Herzen und loben ihn:
Alle:	Halleluja, preiset den Herrn!
Sprecherin 2:	Auch wenn wir Fehler gemacht haben, dürfen wir darauf vertrauen: Gott liebt uns so, wie wir sind.
Sprecherin 1:	Wir danken dem Herrn von ganzem Herzen und loben ihn:
Alle:	Halleluja, preiset den Herrn!

Aus: Alles, was atmen kann, lobet den Herrn! Psalmen für Kinder, hg. im
Auftrag des Rheinischen Verbandes für Kindergottesdienst, Düsseldorf.

Lied

Preiset den Herrn

Praise ye the Lord …	(engl.)	Tumsifuni …	(suah.)
Gloire au Seigneur …	(frz.)	Rumishenyi …	(kilim.)
doxa theou …	(griech.)	Hivirike omuhona …	(Herero)
Gloria deo …	(lat.)	Kiittökää häraa …	(finn.)
chwali christa …	(russ.)	Alla bōa …	(Dioula)
Gloria Senhor …	(port.)	Hambelleld omua …	(Ovambo)

Text und Melodie: mündlich überliefert

Hören und Antworten

Für diesen »Großen Preis« teilen Sie die Kinder altersgemischt in Gruppen von 3-5 Kindern ein. Reihum darf jede Gruppe aus den vorgegebenen Bereichen auswählen und zusätzlich aus einem Schwierigkeitsgrad zwischen 20 und 100 Punkten. Nachdem die Gruppe eine Frage ausgewählt hat, wird diese Frage gestellt. Nun gibt es drei Möglichkeiten.

Möglichkeit 1:
Die Frage wird *ohne beantwortet zu werden* weitergegeben. Dies bedeutet, dass die anderen Gruppen reihum gefragt werden, ob sie die Frage annehmen wollen. Mit dieser Frage können sie sich also zusätzlich Punkte verdienen.

75

Möglichkeit 2:
Die Antwort *ist richtig.* Dann erhält die Gruppe je nach Auswahl die angegebene Punktzahl.

Möglichkeit 3:
Die Antwort *ist falsch.* Dann werden die angegebenen Punkte abgezogen.

Als Startkapital erhalten alle Gruppen 500 Punkte. Im Quiz sind einige Joker versteckt. Wer eine solche Frage auswählt, bekommt dann also immer 100 Punkte geschenkt. Danach ist die nächste Gruppe an der Reihe.
Gewonnen hat am Ende die Gruppe, die am meisten Punkte gesammelt hat.

Hier noch einige praktische Hinweise:
Damit Sie wissen, welche Fragen bereits gestellt sind, finden Sie *die Quizmaske* mit Fragebereichen und Punktzahl *abgedruckt.* So können Sie einerseits den Kindern immer wieder vorlesen, was noch frei ist, andererseits bereits gestellte Fragen durchstreichen.
Auch die *abgedruckte Punktetabelle* soll Ihnen helfen, ohne Aufwand einen Überblick zu behalten. Wie Sie sehen, ist das Startkapital von 500 Punkten bereits eingeschrieben, nun addieren bzw. subtrahieren Sie nach jeder Frage die jeweilige Punktzahl. Am Ende haben Sie damit sofort den Überblick über die *Platzierung* der einzelnen Gruppen. Natürlich können Sie sowohl die Quizmaske sowie auch die Punktetabelle auf eine Tapete oder auf ein Flipchart übertragen. Dies braucht aber etwas Zeit.

Der große Preis

Bibel:

20   Das Wort Bibel bedeutet: Bücher.
Richtig oder falsch?   Richtig

40   Die Bibel hat 65 Bücher.
Richtig oder falsch?   Falsch (66)

60   Gibt es das 3. Buch der Könige?   Nein. Es gibt nur zwei.

80   Nennt die Reihenfolge   Matthäus, Markus,
der Evangelien!   Lukas, Johannes

100 Der erste Teil der Bibel wird Altes
Testament oder auch ... genannt.   Hebräische Bibel

Gemeinde:

20   Wie heißt unsere Pfarrerin, unser Pfarrer?

40   Wie heißt unsere Gemeinde?

60   Um wie viel Uhr beginnt der
Hauptgottesdienst der Erwachsenen?

80   Joker = 100 Punkte

100 Wie viele Gemeindeglieder gehören zu unserer Gemeinde?
a) unter 1000
b) zwischen 1.000 und 2.000
c) zwischen 2.000 und 3.000
d) mehr als 3.000

Aufgaben:

20   Alle aus der Gruppe stellen sich auf einen Stuhl
und gackern wie die Hühner.

40   Alle machen 10 Kniebeugen.

60   Joker = 100 Punkte

80   Singt gemeinsam ein Lied.

100 Sagt das Vaterunser reihum, indem ihr
nach jedem Wort wechselt, fehlerfrei auf.

Biblische Geschichten:

20   Welche Geschichte ist gemeint?
Erbe, Saus und Braus, Schweine,
Fest, Bruder   Der verlorene Sohn

40	Welche Geschichte ist gemeint? Bei einem großen Fest sorgt ein Gast gegen Ende für einen guten Wein?	Die Hochzeit von Kana
60	Der Zöllner Zachäus steigt, um Jesus sehen zu können, auf einen Baum. Was war das für ein Baum?	Maulbeerbaum
80	Joker = 100 Punkte	
100	Josef deutet die Träume des Pharao. Was hat dieser geträumt und wie deutet Josef diese?	(1 Mose 41) 7 fette Kühe und 7 magere Kühe.

<u>Bedeutung:</u> 7 Jahre mit guter Ernte, danach 7 Jahre Hungersnot.

Personen:

20	Wer wurde der Täufer genannt?	Johannes (Lukas 1,57 ff.)
40	Wer bekam von Gott den Auftrag, eine Arche zu bauen?	Noah (1 Mose 14)
60	Wie heißt die Schwester von Marta?	Maria (Lukas 10,39)
80	Wie heißt der erste König Israels?	Saul (1 Samuel 9,15 ff.)
100	Welcher Jünger sagte zu Jesus: Du bist der Christus Gottes?	Petrus (Lukas 9,20)

Tiere und Pflanzen in der Bibel:

20	Auf welchem Tier reitet Jesus in Jerusalem ein?	Esel
40	Während das Volk Israel durch die Wüste wandert, wird es mit Manna und ... versorgt.	Wachteln
60	Jesus vergleicht ein kleines Korn mit dem Reich Gottes. Welches Korn ist gemeint?	Senfkorn
80	Der Prophet Jona setzte sich auf den Boden. Gott ließ eine Staude, die ihm Schatten spendete, wachsen. Welches Tier stach die Staude, dass sie verdorrte?	Ein Wurm
100	Welche Tiere versorgten den Propheten Elia am Bach Krith?	Raben

Bibel	Gemeinde	Aufgaben	Bibl. Geschichten	Personen	Tiere + Pflanzen
20	20	20	20	20	20
40	40	40	40	40	40
60	60	60 Joker	60	60 Joker	60
80	80 Joker	80	80 Joker	80	80
100	100	100	100	100	100

Punktetabelle

	1. Gruppe	2. Gruppe	3. Gruppe	4. Gruppe	5. Gruppe
Punkte	500	500	500	500	500
Gesamt-punktzahl:					
Platzierung:					

80

Lied

Wir singen vor Freude

2. Wir springen vor Freude …   *Hier springt einer …*
2. Wir klatschen vor Freude …   *Hier klatscht einer …*
   usw.

Text: Eckart Bücken
Musik: Peter Janssens
Aus: So kann das Spiel beginnen, 1973.
© Peter Janssens Musik Verlag, Telgte-Westfalen.

Sendung und Segen

Gebet

Gott, du kennst uns und liebst uns. Egal wo wir sind, du bist bei uns. Du hast uns mit Gaben und Fähigkeiten ausgestattet. Einiges können wir schon sehr gut, manches müssen wir noch lernen. Dafür danken wir dir.

Viele Menschen in der Welt haben nicht so viel Grund zur Freude wie wir. Daran wollen wir jetzt denken:

An die vielen Kinder, die keine Chance haben zu lernen und zu spielen.

An die Menschen, die hungern.

An die Menschen, die sich einsam fühlen.

Raum für aktuelle Anliegen

____

____

____

____

____

____

Hilf, dass wir sie nicht vergessen und dort, wo wir können, selbst helfen.
Gemeinsam beten wir so, wie Jesus es uns gelehrt hat:
Vater unser ...

Lied
Wie in einer zärtlichen Hand

Text und Musik: Bernd Schlaudt

Segen

Gott sei vor dir,
um dir den rechten Weg zu zeigen.
Gott sei neben dir,
um dich in die Arme zu schließen.
Gott sei hinter dir,
um dich zu bewahren vor der Hinterlist der Menschen.
Gott sei unter dir,
um dich aufzufangen, wenn du fällst.
Gott sei in dir,
um dich zu trösten, wenn du traurig bist.
Gott sei um dich herum,
um dich zu verteidigen gegen alles Böse, was von außen kommt.
Gott sei über dir,
um dich zu segnen.

Variation eines altchristlichen Segensgebetes

Jetzt bleibt Zeit
zum Verabschieden, zum Aufräumen, zum Vereinbaren, zum Reden.

Zu guter Letzt
Falls vorhanden, Verteilzeitschriften nicht vergessen.

Notizen

Schnellüberblick

Echt wichtig ist ...
Seite: 11

(Jesus und die Kinder, Markus 9,33 – 37)
Biblische Geschichte und Rekorde erstellen

Um was geht's?
Gerne sind wir die/der Größte. Es ist ein tolles Gefühl und bringt Anerkennung. Für Jesus sind die Größten die, die anderen helfen. Kinder können auch im Sinne Jesu die Größten sein – sogar Vorbilder für Erwachsene.

Was brauche ich?

- Pro Kind ein Stück Papier (egal ob Zeitungs-, Zeitschriftenpapier oder Papier weiß DIN A4)
- Wolle oder Schnur (ca. 30 cm pro Kind)

Das Kindergottesdienst-Bibelquiz
Seite 23

Aufgaben und Fragen rund um Bibel,
Gemeinde und Kindergottesdienst

Um was geht's?
Nicht zuletzt durch den Besuch des Kindergottesdienstes sammeln Kinder im Laufe der Zeit auch ein großes biblisches Wissen an. Bei diesem Vorschlag gibt es Gelegenheit, dieses Wissen in Form eines Quiz abwechslungsreich einzubringen.

Was brauche ich?

- Papier (A4)
- Stifte
- Wandzeitung (z. B. Packpapier oder Tapete)
- Tesafilm
- kleine Preise (evtl. können die auch am nächsten Sonntag nachgeliefert werden)

Ja, ich bin begabt!

Seite 36

(Anvertraute Talente, Matthäus 25,14-30)
Biblische Geschichte und Gestaltung einer Moritat

Um was geht's?

Jesus macht mit diesem Gleichnis u.a. deutlich, dass er uns Menschen einiges zutraut. Durch seine lange Abwesenheit überlässt er uns Verantwortung für die Welt. Jede und jeder von uns hat Gaben und Fähigkeiten erhalten. Diese Gaben Gottes sollen leben und wirken. Die Kinder sollen in diesem Kindergottesdienst hören und erleben, dass auch sie Begabungen geschenkt bekommen haben. Jesus erwartet von uns, dass wir sie einsetzen. Jede und jeder ist begabt!

Was brauche ich?

- Malstifte
- wenn vorhanden Orff-Instrumente (ansonsten setzen wir köpereigene Instrumente ein)
- ein Stock (im Notfall kann es auch ein Besen sein)
- großes Papier zum Bemalen

Wir haben eine gute Nachricht

Seite 48

(Emmausgeschichte, Lukas 24,13-35)
Erzählpantomime und Tanz

Um was geht's?

Zwischen Verzweiflung, Hoffnungslosigkeit und neuem Mut zur Nachfolge liegt Emmaus. Jesus hat den Tod besiegt, lebt und zeigt sich seinen Jüngerinnen und Jüngern. Mit Hilfe einer Erzählpantomime werden alle Kinder in dieser Hoffnungsgeschichte aktiv sein. In einem Tanz bringen alle Beteiligten die Freude von damals und unsere heutige Begeisterung zum Ausdruck: Jesus ist auferstanden! Ein Kindergottesdienst mit einer guten Nachricht, die nicht nur zu Ostern gehört werden soll!

Was brauche ich?

- Papier
- Stifte
  falls vorhanden:
- 2 Sitzkissen
- Tuch
- 3 Becher oder Gläser
- ein Stück Brot

Armer reicher Mann?

Seite 60

(Der reiche Kornbauer, Lukas 12,16-21)
Erzählung mit Chor (kein Gesang)
und das Füllen einer Schatzkiste

Um was geht's?

Jesus ist nicht gegen Besitz als solches. Die Geschichte vom reichen Kornbauern zeigt u.a., dass materieller Besitz, also das, was wir normalerweise als Reichtum empfinden, allein kein erfülltes Leben garantiert. Reichtum ist also nicht nur eine Frage des Besitzes, sondern auch eine Frage nach der Lebenseinstellung. Was macht uns reich?

Was brauche ich?

- Eine Schachtel, z. B. Schuhschachtel
- Geschenkpapier
- Kleber
- Papier
- Stifte
- Scheren

Der große Preis

Seite 72

(Quiz zu unterschiedlichen Bereichen)
Fragen und Aufgaben aus den Bereichen Bibel,
Personen, Aufgaben, Gemeinde, biblische Geschichten,
Tiere und Pflanzen in der Bibel

Um was geht's?

Bei diesem Quiz können Kinder in Kleingruppen ihr Wissen einbringen und einfache Aufgaben lösen. Die abwechslungsreiche und spannende Form ist an die frühere TV-Quizsendung »Der große Preis« angelehnt.

Was brauche ich?

- Ein Stift
- kleine Preise (evtl. können die auch am nächsten Sonntag nachgeliefert werden)

Liedverzeichnis

Die Deutsche Bibliothek – CIP-Einheitsaufnahme

Hilkert, Manfred:
Kindergottesdienst-Notfalltüte : Wenn der Kindergottesdienst in wenigen
Minuten vorbereitet sein muss / Manfred Hilkert. –
Gütersloh : Gütersloher Verl.-Haus, 2002
   ISBN 3-579-03295-X

Dieses Werk folgt der reformierten Rechtschreibung und Zeichensetzung. Aus-
nahmen bilden Texte, bei denen künstlerische, philologische oder lizenzrechtliche
Gründe einer Änderung entgegenstehen.
Für freundlich erteilte Abdruckgenehmigungen danken wir allen Autorinnen,
Autoren und Verlagen. Trotz intensiver Bemühungen war es leider nicht bei allen
Texten und Melodien möglich, den/die Rechtsinhaber/in ausfindig zu machen. Für
Hinweise sind wir dankbar. Rechtsansprüche bleiben gewahrt.

Umwelthinweis:
Dieses Buch wurde auf chlorfrei gebleichtem und alterungsbeständigem Papier
gedruckt. Die vor Verschmutzung schützende Einschrumpffolie ist aus umwelt-
schonender und recyclingfähiger PE-Folie.

ISBN 3-579-03295-X
© Gütersloher Verlagshaus GmbH, Gütersloh 2002

Umschlaggestaltung: Init GmbH, Bielefeld, unter Verwendung der Illustration
»Notfalltüte« von Karsten Molesch, Bielefeld
Illustrationen Innenteil: Heribert Schulmeyer, Köln
Satz: Weserdruckerei Rolf Oesselmann GmbH, Stolzenau
Druck und Bindung: Druckerei Reichenbach, Reichenbach
Printed in Germany

www.gtvh.de